O VAZIO DA MÁQUINA
VOLUME II

O VAZIO DA MÁQUINA
VOLUME II

1ª EDIÇÃO

ANDRÉ CANCIAN

Edição do autor
2015

nós, insônia da matéria

SUMÁRIO

PREFÁCIO

Este segundo volume do Vazio da Máquina traz, na íntegra, todos os ensaios e fragmentos que, por motivos vários, foram cortados da primeira edição. Minha intenção original não era republicá-los. Contudo, como houve interesse nesse material, decidi lançar esse segundo volume que, juntamente com o primeiro, integra os demais abismos em sua totalidade.

* * *

André Cancian
2015

PRÓLOGO

Com o absurdo, o mundo está dado. Como não podemos escolher o solo, cabe-nos unicamente o papel de ser boas árvores. Com a honestidade de trazer à superfície aquilo que nos alimenta, erguemo-nos numa floresta espinhosa, estranha e inacessível. Não desejamos, como gramíneas, nos espalhar pela superfície — queremos nos tornar elevados, alcançar os limites, e apenas por isso lançamos raízes à profundeza.

Cultivamos longamente a sabedoria da altivez e da solidão. Pacientes, aguardamos a época de colher os resultados desse esforço — finalmente teríamos nossa recompensa pela disciplina das alturas. Provamos o fruto dessa contradição sem grandes expectativas, como um mero capricho de linguagem. Nada poderia ter sido mais amargo que reconhecer em nós próprios a última geração de um erro terrível.

Se, afinal, tombamos sob nosso próprio peso, sabemos também admitir o fracasso. Com as raízes no nada, tornamo-nos insustentáveis. Contudo, não tentamos nos escorar em consolos imaginários: nossa integridade também exige que saibamos cair plenamente, de olhos abertos, sentindo todas as consequências. Quem diria que seria esse o motivo de nossos frutos se tornarem acessíveis? Compartilhamos nosso tesouro justamente agora que não vale mais nada.

Lamentamos que, na vertigem da queda, não tivemos a chance de envená-los a tempo, de torná-los frutos proibidos. Nenhum deles terá a oportunidade de apodrecer sozinho para demonstrar sua esterilidade. Com nossa grandeza, fizemos todas as superfícies sentirem vergonha de si próprias. Agora, indigentes, perdemos o direito de nos desmentir em primeira pessoa. Fomos longe demais em nosso direito de inventar um mundo vertical. O presente, apressado, se alimenta dessa sabedoria impossível, sem imaginar que maldição ela esconde.

Lançados ao solo, despertamos de nosso sonho dogmático. Não somos árvores do conhecimento, afinal — apenas doentes inertes que o mundo tolerou como algo curioso e inofensivo. Resta despedirmo-nos de nossos amigos imaginários, apertarmos-lhes as mãos por todos os sábios conselhos, pela boa companhia, por todas as batalhas em que estiveram ao nosso lado. Sem delírios, sem propósitos, vemo-nos sozinhos no mundo, abandonados a nós próprios.

Depois de algum tempo reconhecemos que nossa salvação foi a humildade de termos nos trancado do lado de fora de nossas teorias superiores. Nossa cura decisiva foi termos jogado a chave fora. Hoje sabemos que não havia portas. Acordamos com os pés no chão. Recebemos alta e estamos novamente livres para caminhar pelo mundo como homens. Como fomos tolos, como tardamos a descobrir que o jardim secreto da filosofia é o hospício dos que acreditam no conhecimento — na profundidade do conhecimento!

Agora, porta-vozes do niilismo, nossa mensagem é o silêncio. Somos a geração que acordou da vertigem, herdeiros do despropósito. Somos horizontais: não temos mais paciência para nos iludirmos; a ideia de sentido nos azeda o estômago; sentimos o tédio de toda escolha ser igualmente incoerente. Nossos livros dizem em vão; nossa melhor teoria justifica a extinção; resta da ética apenas o direito de morrer em paz; o passado nos ensina a encontrar consolo em saber que não temos futuro. Vivemos para negar a vida. Nossa conclusão é o suicídio, e somos covardes demais para morrer. Somos o vazio da máquina. Não temos sabedoria. Reabilitamos o conhecimento fazendo ciência.

ABSURDO

Alguns dizem que a filosofia nasce da capacidade de nos espantarmos com o mundo, com aquilo que, para a maioria das pessoas, é trivial. Em outras palavras, nasce quando damos atenção àquilo que todos estão condicionados a ignorar. Porém, essa ideia parece tão elogiosa ao filósofo que levanta suspeitas quanto à sua realidade ser mais que uma mera palavra de encorajamento. Seria mais digna de consideração alguma outra hipótese que condissesse com o egoísmo da natureza humana, como, por exemplo, a teoria de que a filosofia tenha nascido de nossa necessidade de enganar os demais. Não soa tão encantadora, mas com certeza é mais bem alicerçada e defensável. De qualquer modo, uma vez trazida à luz, nossa perplexidade frente ao mundo nos acompanhará pelo resto de nossas vidas. Nessa ótica, parece ser realmente absurdo o fato de existirmos. A partir disso não é possível pensarmos em qualquer coisa como sendo trivial, sequer ver uma obviedade no fato de que o mundo existe. Tudo toma a forma de uma insensatez generalizada, de algo imponderável, como se houvéssemos perdido o fio da meada do mundo. Tornamo-nos incapazes de encontrar um ponto a partir do qual a realidade possa voltar a fazer sentido.

Que é essa coisa chamada vida dentro dessa outra coisa chamada existência? Não sabemos dizer. Nossa perspectiva cotidiana do mundo revela-se embaraçosamente frágil, insuficiente para a tarefa de encontrar uma resposta naquilo que nos é familiar, e nos vemos forçados a construir uma nova explicação para tudo, como se houvéssemos acabado de chegar neste mundo sem nenhuma experiência prévia. Temos a impressão de que estamos diante de um segundo despertar. A apreensão lúcida e refletida desse caráter quase surreal da vida nos conduz a uma espécie de estado de torpor, distancia-nos tanto de nós mesmos e da realidade que passamos a nos ver em terceira pessoa. Emudecemos como alguém que perde a reação diante de algo insólito. Não parece possível que isto esteja acontecendo: que exista um mundo e que nós, pensando nisso, estejamos nele sem entender bulhufas: isso é absurdo. Se, a partir disso, começa a filosofia, sem dúvida filósofos merecem o título de lunáticos.

Mesmo que esse estado, por um lado, não seja fácil de ser alcançado e tenha pouca utilidade ao nosso bem-estar imediato, por outro, torna o mundo um lugar indiscutivelmente mais interessante. Considerando o quanto uma visão pobre do mundo nos deixa suscetíveis a uma das maiores fontes de sofrimento, o tédio, fazemos bem em cultivar perspectivas que tornem a realidade menos enfadonha aos nossos olhos. A filosofia, nessa ótica, nos é cara principalmente porque torna o mundo um lugar curioso, mesmo que haja um preço a ser pago por tal expansão dos horizontes: a redução de nós próprios no contexto geral. Porém, devemos ter em mente que, em regra, tudo o que faz com que nos consideremos menos importantes frente à existência não costuma estar muito longe da verdade.

Apesar de nosso espanto, é evidente que o mundo existe, ainda que fiquemos com cara de bobos quando nos perguntam como podemos sabê-lo com certeza. Por algum tempo, naturalmente, ficamos fascinados pela aparente plausibilidade do solipsismo, devaneando sobre a possibilidade de o mundo ser um sonho. Poderíamos acordar do mundo assim como acordamos de pesadelos que pareciam igualmente reais. Nosso único argumento contra isso é que tal fato nunca ocorreu. De qualquer modo, a ideia de que sejamos matéria acordada na forma de seres vivos já é bastante espantosa.

A existência do mundo é uma questão difícil e escorregadia, pois aquilo que denominamos verdades autoevidentes geralmente não passa de fatos para os quais não temos respostas muito convincentes, mas a cuja realidade temos um acesso tão íntimo e imediato que colocá-los em dúvida soa simplesmente como uma maluquice. Mesmo assim, como podemos ter certeza de que existimos? Não podemos. Então, quando nos sentirmos angustiados pela incerteza a respeito da existência do mundo, o melhor modo de nos convencermos de sua realidade consiste em receber um belo soco: se isso não nos fizer despertar em outro mundo, acabaram-se as dúvidas. Não há outro critério mais confiável.

Devemos notar que existe uma diferença importante e sutil entre perguntas difíceis e perguntas sem nexo. Por exemplo, um questionamento do tipo "por que a gravidade não é para cima?" não é difícil de ser respondido, mas simplesmente uma pergunta sem nexo, já que pressupõe que a gravidade deve possuir uma razão, um motivo inteligível para que seja como é. Isso dá a entender que há um propósito por detrás de seu comportamento. Entretanto, sendo a razão apenas uma faculdade intelectual humana, seria tolo supormos que a gravidade funciona nos mesmos termos de nosso modo particular de compreender a realidade. A razão, sendo uma característica humana, aplica-se somente a questões dessa esfera. Uma interrogação malfeita não é suficiente para transformar a gravidade numa questão subjetiva. Assim, concluímos que ela decidiu ser para baixo pelo mesmo motivo que o sol resolveu brilhar, ou seja, porque somos tolos em levantar questões desse gênero. Outra pergunta sem nexo: "qual seria a cor de um som?", algo impossível de ser pensado, pois não há como conceber algo tão distante de nossos sentidos sem a ajuda de alucinógenos.

Quando nos perguntamos "por que há seres em vez de nada?", o próprio fato de existirmos parece indicar que a existência tem uma finalidade. Concluímos que o mundo não existiria se não houvesse uma finalidade, ou ao menos é o que gostaríamos de acreditar ao fazer tal pergunta. A lógica dessa resposta pode até parecer convincente, mas a realidade a desmente. A existência deveria possuir uma finalidade realmente bizarra para que nós fôssemos o melhor meio de alcançá-la — o ser vem do nada inspirado por alguma razão obscura, cria um mundo cheio de mistérios e macacos, e depois o quê? Ficamos felizes pelo fato de a seta do mundo apontar para nossos umbigos? Se a existência tivesse alguma finalidade em si, esta deveria ser algo ainda mais absurdo que ela própria, justamente por nos ter colocado como um meio. A suposição de que sejamos, nós próprios, o objetivo último do mundo é simplesmente de mau gosto, revoltante demais para ser considerada.

Como se vê, há perguntas que parecem profundas apenas porque não fazem sentido. Há, entretanto, também ideias que fazem sentido, apesar de não conseguirmos concebê-las claramente. Certos conceitos simplesmente não entram em nossas mentes, mesmo que consigamos lidar com eles teoricamente. Por exemplo, podemos representar o infinito matematicamente, mas isso não significa que dele tenhamos uma ideia clara para além de uma quantidade monstruosa que se estende indefinidamente até começar a dor de cabeça. Fora dos modelos teóricos, o valor de ideias como essa reside principalmente em sua capacidade de representar o inexprimível, daí vermos o infinito sempre associado àquilo que não conseguimos compreender e, portanto, tampouco comunicar claramente. Descrever algo como infinito é um modo de afirmar, com algum estilo, que não sabemos muito bem do que estamos falando. Caso tenhamos interesse em exercitar nossa perplexidade ante ideias lógicas que nos são inconcebíveis, a física quântica será um ótimo ponto de partida; se houver preferência pela ficção, a teologia também servirá ao mesmo propósito.

* * *

Tendo isso em mente, retomemos a questão central. Como vimos, o absurdo do existir consiste no fato de que simplesmente abrimos os olhos enquanto seres vivos conscientes e nos descobrimos em um mundo sem qualquer razão de ser, sem qualquer manual de instruções. Não nos choca que tenhamos nascido e que haja olhos para abrir, mas que isso tudo careça de propósito; não nos choca que ainda não saibamos todas as respostas, mas que não haja resposta exatamente para a questão que nos parece mais essencial. Parece muito estranho que, num mundo tão cheio de teorias elaboradas, tão cheio de explicações extremamente precisas, todas as pessoas vivam cotidianamente com a consciência de que ninguém sabe por que existe. Soa absurdo que tudo possa simplesmente existir sem mais nem menos. Mas existe.

Essa situação só parece estranha porque, além de estarmos fazendo uma pergunta impossível de ser respondida, esta ainda pressupõe que, se não pudermos respondê-la, por extensão isso implica que não sabemos nada a nosso respeito. O caso, entretanto, é que sabemos muito bem por que existimos e de onde viemos, sabemos por que temos olhos e por que não há manual de instruções. As respostas são, respectivamente, porque nossos pais copularam e, nove meses depois, fomos expelidos do útero materno, porque a luz é uma ótima fonte de informação a respeito do mundo e, por fim, porque a vida não é um eletrodoméstico. Essa espécie de resposta é tão evidente e inegável que o único modo de ignorá-la consiste em enterrar a cabeça na areia e meditar longamente, na esperança de que o ser sussurre secretamente em nossos ouvidos o quanto nos ama. Pensamos que todas as perguntas grandiosas exigem respostas grandiosas, mas isso é uma exigência de nossa vaidade, não do entendimento. Sabemos quase tudo o que, em filosofia, fingimos ignorar sob o pretexto da profundidade. Se não admitimos ter as respostas e continuamos esperando por algo diverso, isso acontece porque ainda não abandonamos por completo a fantasia de uma verdade mágica chegando num cavalo alado e nos livrando deste mundo miserável.

É necessário muito esforço para evitar a morte dessa esperança infantil, já que para tanto não precisamos apenas abandonar a busca por respostas, mas também negar as existentes e garantir publicamente, com toda a seriedade, que a verdade está em outro lugar, enquanto a varremos para debaixo do tapete. Mesmo que isso pareça imoral, a justificativa empregada é que, ao protegermos o homem do realismo, estamos na mesma situação de quem evita mostrar sexo explícito a adolescentes, alegando que não vão entender, sendo que isso apenas os deixaria perturbados. Algo que resulta, todavia, em adultos que acreditam na versão existencial da teoria da cegonha. Tal postura equivale a tomar todas as providências necessárias para que nunca venhamos a entender nada a respeito do mundo. Nessa arte de estar profundamente errado, nada se equipara aos livros de metafísica e teologia, que parecem conceber o mundo como algo que deve ser caluniado e ignorado a todo custo para que os autores não percam seus empregos e os leitores não percam sua virgindade cerebral. Depois de muitas gerações, nesse contínuo processo de olhar para o lado errado, chegamos à fórmula segundo a qual o mundo, ou seja, a verdade, é um pecado superficial, e ela funciona muito bem, não porque seus autores são geniais, mas porque consentimos em ser enganados. A mentira tornou-se rotineira e a reflexão, um luxo de pessoas desocupadas, técnicas e viciosas, que não devem ser levadas a sério, pois não estão preocupadas em dizer o que queremos ouvir.

Ainda que o absurdo seja uma ideia bastante difusa, a única questão realmente relacionada ao absurdo é a da existência do próprio ser. O absurdo diz respeito ao fato havermos nascido gratuitamente num mundo igualmente gratuito. Não há razões, intenções, sentidos, não há absolutamente nada que justifique o fato de existirmos. Trata-se pura e simplesmente de um absurdo, e não há um modo mais claro de dizê-lo. Porém, como esse silêncio não nos diz nada, também dele nada se segue. O absurdo não se mistura às demais questões, não as permeia, não as qualifica. Só o existir em si mesmo é absurdo. Todo o mais, ou seja, aquilo que acontece no ser, tem apenas relação indireta com o assunto, e não constitui nenhum impedimento à nossa compreensão da realidade, por mais que queiramos suspender nosso juízo a respeito de certas questões, alegando que o parentesco, mesmo indireto, invalida qualquer conclusão.

A postura segundo a qual o absurdo impossibilita o conhecimento da realidade soa bastante estranha, e não entendemos como se pode justificá-la. Por que somos ignorantes em relação a tudo apenas por que não há um motivo para existirmos? O absurdo existencial não justifica esse absurdo lógico. Em algumas questões, realmente temos de admitir que nada há a ser feito. Nós apenas gostaríamos que a existência tivesse um sentido, mas não há motivos para pensarmos no sentido como uma necessidade física. Temos a impressão do contrário, mas entendamos que nada se segue do fato de a existência não ter qualquer sentido. Sentido é apenas uma qualificação subjetiva que gostamos de dar às coisas para lhes conferir importância. Para ilustrá-lo, basta traçar o seguinte paralelo: postular que o sentido é necessário ao conhecimento seria o mesmo que exigir que a existência tivesse uma música de fundo. Porém, se não tem, isso significa que não sabemos nada sobre notas musicais? Não. Pensar assim simplesmente não faz sentido.

Certos indivíduos, entretanto, discordam dessa postura. Trata-se da perspectiva segundo a qual talvez haja uma razão oculta que ainda não fomos capazes de compreender e que, nessa situação, o melhor a se fazer é cruzar os braços e esperar que ela se manifeste sozinha. Nesse ínterim, devemos nos distrair cultivando jardins ou jogando pingue-pongue. Só nos resta aguardar. Enquanto não soubermos dessa razão, enquanto o absurdo não nos prestar satisfações pessoalmente, nada se sabe de nada. Essa argumentação também não faz sentido algum. Porém, se isso ainda nos parece uma afirmação duvidosa, só precisamos imaginar se levaríamos a sério alguém que se negasse a admitir que sabe quem são seus pais porque o *DNA* ainda não foi completamente esquadrinhado. Trata-se da típica posição exclusivamente defensiva de quem deseja deixar a questão inexplorada, já que isso será suficiente para seus verdadeiros propósitos, ou seja, manter intactas as próprias convicções, exigindo que sejam respeitadas pelo mero fato de que não há consenso sobre o assunto. Porém, como a questão é deixada em aberto artificialmente por uma pergunta impossível de ser respondida, nunca haverá consenso, e não resta muito a ser dito, exceto que nem todas as teorias escolhem morrer com dignidade.

Aceitemos nossas limitações: a existência objetiva do ser, pensada a partir de um ente subjetivo que procura traços de si mesmo onde nunca esteve, é o mais próximo que podemos chegar da experiência de perplexidade existencial em que o ser empalidece e diz a si mesmo: existir é absurdo. É até onde podemos, legitimamente, chegar com nossos juízos, e isso equivale a admitir que não conseguimos ver nada, ou seja, que no ser não há nada além dele próprio. Não há nenhuma essência, nem humana nem de baunilha.

Pensemos do seguinte modo: quando partimos da ideia de que algo seja não-absurdo desde que tenha ou seja passível de uma explicação racional e válida, isto é, de que este algo seja humanamente acessível por meio da experimentação, que lugar poderia restar para o absurdo senão a própria existência do ser? Essa é a única questão que não admite uma interrogação. Todo o resto nos é acessível. Não temos nenhum motivo razoável para pensar que isso obscurecerá nosso entendimento a respeito de qualquer outro assunto.

O único modo por meio do qual poderíamos justificar a destruição de todas as respostas pelo absurdo da existência seria nos situarmos, como múmias, no âmago da própria objetividade, tomando o máximo cuidado para passarmos por algo inanimado e, assim, evitar que o ser perceba nossa presença e deixe de se comportar naturalmente devido à influência de um observador. Assim, depois de alguns anos nessa situação, as múmias espiãs declararam em seus relatórios oficiais que não foi possível localizar qualquer resposta humanizada flutuando no nada na forma de uma ideia inteligível. Logo, não há verdades eternas e, por extensão, tudo o que sabemos é mentira.

O que poderíamos dizer diante disso? Talvez esperassem encontrar nessa incursão ao âmago do ser um palácio de cristal onde todas as verdades ideais ficam guardadas em caixinhas de fósforo. Alguns até tentam nos convencer de que há, e só não podem prová-lo porque no templo da verdade não é permitida a entrada com máquinas fotográficas. É realmente muita tolice imaginar que o ser se finge de morto, que se esconde de nós para que não possamos descobrir seu sentido íntimo — e é triste pensar que, diante disso, ainda sejamos capazes de permanecer absolutamente convictos de que esse sentido íntimo existe, mesmo que não tenhamos a menor ideia de onde tiramos esse disparate.

Sabemos que, em rigor, não é possível conceber subjetivamente o que seria o ser puramente objetivo, pois fazê-lo já significa traduzi-lo à linguagem da subjetividade. Mesmo traduzido, continua algo inconcebível, que só conseguimos descrever vagamente abanando as mãos no ar e dizendo: *isto é o ser!* Mas as múmias espiãs alegam que isso prova que todo o nosso conhecimento é falso, e que devemos continuar investindo nosso tempo em descobrir o que há nessas caixinhas de fósforos transcendentais cheias de verdades objetivas sobre a subjetividade do ser.

Quando pensamos sobre o ser, fazemo-lo a partir da ótica de um sujeito, e isso significa que sempre haverá um observador que influenciará os resultados. É absurdo acreditar não estejamos humanizando o ser ao racionalizá-lo. Portanto, percebamos que, nesse processo, as múmias partem de dois pressupostos completamente injustificados: que há verdades ideais e que a razão é intrínseca ao ser. Com base nisso, conclui-se que nosso entendimento é incapaz de acessá-las e que, portanto, somos ignorantes em relação a tudo. Temos diante de nós algo equivalente a apertar uma campainha imaginária e partir em disparada para, depois, afirmar que não houve um sujeito na equação. Foi mera coincidência: estava nas redondezas por acaso, apreciando a questão objetivamente com a mais pura imparcialidade. Ora, nem o guarda-noturno mais caduco acreditaria nisso, mas querem que nós acreditemos.

Se quisermos entender o que é o ser enquanto fenômeno, basta olhar à parede: o fenômeno será o que estivermos vendo. Ninguém está por detrás dela tentando nos enganar com falsas aparências. Quando, entretanto, tentamos conceber o que é o ser em si mesmo, independentemente de nós, nossa única saída consiste em enterrar a cabeça na parede e perguntar: *olá, ser, o que o senhor faz quando está sozinho?* Ora, o ser existe. O que mais queremos saber? Se também gosta de algodão-doce?

Nessa tentativa desesperada de arrancar respostas do ser, acabamos nos tornando tão íntimos que logo esquecemos nele alguns de nossos pertences, depois outros e mais outros. Em seguida passamos a designá-lo com apelidos carinhosos como mistério, absoluto etc. Algum tempo depois, numa rigorosa investigação filosófica, encontramos a evidência derradeira: um tubo de pasta de dentes do ser! Comprova-se, de uma vez por todas, que o ser é humano e estava apenas se escondendo. Naturalmente, esse comportamento parece algo tão imbecil que chega a ser difícil de acreditar, mas constitui um dos equívocos mais comuns que se comete dentro da questão: adotar discretamente uma postura antropocêntrica para que possamos acusar o ser de comportamento suspeito e, baseados nisso, exigir que preste satisfação quanto aos seus procedimentos.

Pobre ser! Além de existir, ainda tem de sorrir toda vez que um filósofo tira sua foto. Deixemos o pobre-diabo em paz, sem envolvê-lo em nossas fofocas e mexericos existenciais. A vida não passa de uma história absurda contada pelo acaso. O mais desvairado de seus personagens, chamado homem, ao descobrir-se como tal, acha muito natural buscar conhecer o autor pessoalmente para descobrir seu verdadeiro sentido que, obviamente, fica fora da história. O homem nunca se farta de olhar no espelho quando precisa de um pretexto para enganar-se profundamente.

O fato é que o absurdo da existência deveria ser aceito com a mesma naturalidade com que aceitamos a gravidade, à qual nenhum livro filosófico se dá ao trabalho de pôr a pergunta sobre seu sentido ser para baixo. Levando em consideração o modo caolho como se tem encarado a realidade, essa seria uma investigação perfeitamente cabível. Claro que, nesse caso, vemos o erro e o descartamos rapidamente — mas isso apenas para depois revirarmos o lixo, resgatando o erro e acariciando-o para que diga coisas agradáveis a nosso respeito. Isso nos diverte grandemente.

A verdadeira natureza da indignação que deseja declarar tudo falso por ser absurdo é outra: não termos visto nós próprios espelhados na essência última das coisas, ou seja, não fazermos parte da verdade, não sermos uma realidade essencial. Acreditávamos que nossa existência era algo muito importante. Porém, ao investigar a realidade, vimos que não era esse o caso. Não soubemos, entretanto, nos comportar com maturidade diante disso. O mundo traiu nossas expectativas, e isso é algo pelo qual não queremos perdoá-lo. Cresce em nós uma espécie de birra infantil, sentimo-nos inquietos. Como tolos, buscamos um modo de contornar essa fonte de mal-estar psicológico tratando-a como um problema filosófico insolúvel. Bastaria, entretanto, que deixássemos de exigir que tudo tenha sentido apenas porque isso nos foi ensinado durante a infância para vermos que o mundo faz perfeito sentido ao não ter sentido algum.

Com alguma reflexão madura, chegamos a admitir que isso é mais uma das inúmeras coisas que simplesmente temos de aceitar, mesmo a contragosto. Comumente isso só ocorre após um longo período de luto pelo quanto pesa ter de engolir a frustração de essa não ser uma situação na qual nos encontramos provisoriamente devido à ignorância, mas nossa inescapável condição primária de existência: somos filhos legítimos do absurdo.

BARULHO

O barulho só é uma tortura aos que pensam. Aquele cuja vida é prática, voltada à ação, não se incomoda, pois não pensa, apenas reage a estímulos como um animal qualquer. Até suas conversas são apenas reflexos automáticos, espasmos verbais. Por isso exige-se silêncio em bibliotecas, mas não em bares. Durante momentos de reflexão, qualquer barulho nos distancia da possibilidade de extrair de nossos pensamentos um diamante inteiro e bem lapidado. Interrompidos seguidamente por grunhidos de humanos em sua vivência espetacular e teatral, tudo o que nos resta é um diamante esfacelado, sem qualquer valor, que repetidas vezes derrubamos ao chão por haverem nos desconcentrado. Mutilam nosso raciocínio com sua encenação barata de tragédia popular, e o ruído de suas vidas joga areia em nossas telas com tinta ainda fresca, arruinando as obras que pintávamos pacientemente.

Não é por mixarias, portanto, que nos revoltamos contra o barulho. Não são poucas as ocasiões em que ele é o culpado pela destruição de um momento mágico de brilhantismo, de gênio, em que estávamos prestes a trazer à luz um tesouro insuspeito. Vemos uma intuição de beleza incalculável ser arrastada ao esquecimento por uma enxurrada de lama verbal que nos grita aos ouvidos sobre uma mordida de pulga que saiu no jornal. Tudo se perde; voltar a acessar tais pensamentos voluntariamente é algo tão improvável quanto dormir esperando retornar ao mesmo sonho. Porém, em sua superficialidade, sequer dão pelo prejuízo que causam. Se confrontados, ficam até surpresos: "Que foi? Acaso fiz algum mal?".

As consequências perniciosas dessa ingenuidade vulgar e desastrada são incalculáveis. Como não olham por onde andam, pisam em tudo, trombam em todos os pensamentos, pois sua burrice não os permite enxergá-los. Demonstrando completa falta de respeito, invadem nossas mentes com suas grosserias, dão-se a liberdade de se acomodar como se estivessem em suas próprias casas, como se houvéssemos convidado suas mentes dormentes a roncar em nossas consciências com opiniões sonâmbulas e irrelevantes. Quase imediatamente, põem-se a falar de si próprios e de suas ideias ásperas como quem liga um rádio no último volume, sem se incomodar com o fato de que estávamos ouvindo música clássica. Interceptam nossas vidas e rasgam nossas reflexões ao meio como quem não se importa com o tipo de dinheiro que não circula em suas vidas.

Como cultivamos um tesouro que nunca poderão usar para comprar suas bugigangas e bijuterias intelectuais, jamais reconhecem o valor daquilo que destroem, e por isso pensam que o exagero vem de nossa parte. Isso acontece não porque esse tesouro só é valioso para nós, mas porque o valor da inteligência só é reconhecido por aqueles que também nasceram nessa nação nobre e distante, quase desconhecida da grande massa social. Apenas os sábios reconhecem-se entre si. Para os ignorantes, a inteligência é como a Atlântida: um mito. Não conseguem reconhecer o valor de nada que esteja acima deles próprios e de suas capacidades tacanhas. Quando topam com um indivíduo de gênio, veem apenas alguém que diz coisas incompreensíveis e, por isso mesmo, irrelevantes.

O fato é que apenas indivíduos inteligentes possuem cidadania reconhecida no país do intelecto, só eles gozam dos autênticos benefícios da reflexão, garantidos biologicamente. Os demais são imigrantes ilegais que tentam saqueá-lo. Corroídos pela inveja, não é raro que invadam suas fronteiras. Porém, quando saltam por sobre as grades, quando derrubam os muros da inteligência, não veem nada que os interesse em seu interior. Para eles, um mar de pensamentos parece um deserto. Impacientes, começam a gritar, perguntando onde está ocorrendo o espetáculo intelectual ao qual estamos assistindo. Importunam todos os que encontram com suas grosserias. Contudo, se fazem de desentendidos quando se voltam contra eles inúmeros olhares atravessados. Por sorte, logo partem de nossas vidas, pois se sentem entediados como um analfabeto num mundo no qual todo o prazer vem da leitura; são surdos num lugar onde todas as verdades falam baixo demais, e como ficam à espera de grandes gritarias filosóficas, terminam por ignorar seus sussurros. Desse modo, o fato de o valor de nossa atividade não ser reconhecido pelos ineptos não deveria nos espantar, pois, ao refletir, cunhamos moedas de ouro num mundo em que apenas se dá valor à dureza do aço forjado. Indivíduos práticos não conseguem conceber o valor daquilo que não brilha imediatamente aos seus olhos, não sabem o que é garimpar e polir uma joia rara: compram tudo pré-fabricado e à vista a partir da inconsciência da experiência imediata.

Naturalmente, a capacidade de não se incomodar com barulhos, seja na forma de poluição sonora, visual ou social, é diretamente proporcional à falta de inteligência, pois esta determina nossa sensibilidade geral frente ao mundo e também nossa capacidade de encontrar utilidade e prazer na reflexão, que exige silêncio. Os indivíduos que nunca se mostram incomodados pelo barulho são os mesmos que não se mostram sensíveis a nada no domínio da inteligência. São desprovidos de qualquer sensibilidade intelectual. Arte, ciência, filosofia, poesia: nada disso faz sequer cócegas em seus cérebros necrosados. Querem espetáculos, alarde, holofotes, tudo o que depois aparecerá em jornais e revistas. Como seu paladar está estragado pelo consumo contínuo de lixo gorduroso, apresentar-lhes concepções bem trabalhadas equivale a oferecer uma taça de vinho fino a um alcoólatra que só sente prazer ao engolir uma garrafa inteira de cachaça; equivale a oferecer uma iguaria cuidadosamente preparada por um *chef* a um obeso que, diariamente, se empanturra de chocolates e *junk food*.

Portanto, não surpreende que os indivíduos mais barulhentos sejam também os mais estúpidos, superficiais e vulgares. Quando uma bomba explode, podemos ver pela expressão nos rostos dos indivíduos o que havia em suas cabeças. Se sorriem, felizes por algo tê-los distraído do tédio de suas vidas, não havia nada acontecendo entre suas orelhas: até um estampido é mais interessante que sua atividade mental. Ficam satisfeitos por se perderem de si mesmos, sendo a situação um ótimo pretexto para iniciarem conversas irrelevantes sobre as possíveis origens do curioso ruído. Quem, pelo contrário, se mostra irritado, tinha em sua mente algo de valor, que foi reduzido a nada. Roubado de si mesmo, seus pensamentos escorrem pelo ralo do esquecimento, não havendo meios de resgatá-los. Trata-se de algo bastante banal, mas que arruína a concentração de quem passou horas tentando montar um quebra-cabeça que, agora, está novamente embaralhado por esse impertinente eco de irreflexão.

Como vemos, o barulho é um dos modos mais seguros de evitar que o pensamento ocorra num fluxo contínuo e coerente, partindo-o em diversos fragmentos dispersos cujas bordas não se encaixam porque foram podadas irregularmente por circunstâncias exteriores. Coloquemos, por exemplo, um indivíduo num quarto e peçamos que resolva uma questão abstrata qualquer, como um problema lógico-matemático. Se conseguir resolvê-lo, ganhará um grande prêmio em dinheiro. Entretanto, em vez de o deixarmos em silêncio, instalamos ao lado de sua mesa um alarme, uma campainha que soa a cada segundo, disparando também fortes feixes de luz. O problema certamente nunca será resolvido. Em poucos instantes, o desejo mais ardente do indivíduo passa a ser não resolver o problema, mas destruir aquela fonte de ruído que rouba seus pensamentos. Esse simples alarme o reduz a um animal patético que tropeça nas próprias ideias porque a porção autônoma de seu cérebro o força a reagir a esse estímulo ridículo. Incapaz de pensar, será obrigado a dar uma resposta qualquer ao problema que propusemos somente para ver-se livre dessa circunstância deplorável que consome seus nervos inutilmente. Nessa situação, não há como raciocinar com clareza; pensar com barulho é como espirrar com os olhos abertos.

Vejamos a questão do ponto de vista biológico: numa espécie de sequestro emocional, a primeira providência do cérebro diante de um barulho alto que potencialmente significa perigo consiste em cessar a atividade das áreas irrelevantes à questão e dar prioridade à ameaça imediata: o cão de uma senhora latindo incansavelmente a todos os que passam à sua frente, com um timbre tão insuportável que parecem farpas sendo inseridas sob as unhas do pensamento. Enquanto sofremos com essa aflição ingrata, e em segredo sonhamos em arrancar as cordas vocais dessas máquinas de latir, a proprietária desse refugo biológico discute com outras múmias maquiadas com que cor de esmalte pintará suas unhas. Nessa situação, nada nos daria mais satisfação que instalar um interruptor em nossos ouvidos. Seria um privilégio inestimável poder simplesmente desligar nossas mentes da estupidez gritante dos que nos circundam. Diante dessa impossibilidade, corremos seriamente o risco de desistir do pensamento, de nos rendermos à algazarra da irreflexão. Tornamonos estúpidos por exaustão, como quem é torturado longamente e perde as forças, extenuado. Não há como defender-se dessa intervenção insolente que implode nossa imaginação.

Obviamente, os que não pensam são também os que mais falam, e em regra muito alto. Gritam desnecessariamente sobre assuntos quaisquer, apenas para atrair atenção, como os bons palhaços fanfarrões que são. Até quando esmagam um piolho, apressam-se em interromper todos os que os cercam para exibir o troféu que portam entre os dedos, explicando todos os detalhes envolvidos na localização e captura do seu objeto de orgulho. Um catarro verde, por sua vez, é um evento que merece publicidade internacional; deve ficar imortalizado no museu tuberculoso de suas memórias. Sendo que até quando pensam no silêncio precisam falar, ouvi-los é uma infindável incursão ao vácuo de suas mentes epiléticas, regada a frequentes respingos de saliva. Desde que suas bocas continuem movendo-se, desde que continuem ouvindo suas próprias vozes, acreditam estar aproveitando a vida. Seu lazer é não pensar, sua socialização é gritar em grupo até que todos compartilhem a mesma burrice plena e uniformemente.

O ruído que sai de suas bocas é o melhor modo que encontram de evitar que seus cérebros entrem em atividade. Ademais, considerando aquilo que dizem, ouvi-los tem o mesmo resultado. Assim, depois de algumas horas de conversas automáticas e inconscientes — *i.e.* essa profusão de frases sem sentido proferidas abundantemente a torto e a direito, tendo como único critério de seleção o fato de a ideia ter-lhes passado pela cabeça por acidente —, atingem o nirvana, a ausência complexa de pensamento, sustentada pelo constante fluxo de nada que sai de suas bocas. Todavia, nem tudo são flores na vida desses locutores de si próprios. Para sua infelicidade, a comunicação ocorre em turnos. Não podem falar ininterruptamente, embora essa seja sua mais sincera vontade, pois têm de reservar um tempo para serem também vítimas do vômito linguístico dos que recebem suas palavras. Porém, se prestarmos alguma atenção, veremos que não ouvem, apenas observam o falatório dos demais. Recebem-no com o mais completo desprezo, esperando somente pela oportunidade de voltarem a falar do centro do universo. Como um engana o outro, fingindo que ouve apenas para poder verbalizar suas misérias, na verdade falam sozinhos, e sabem disso.

Como a condição de sua paz é a falta de pensamento, ouvir é uma situação potencialmente perigosa. Preocupados, tomam providências para evitar que, num descuido, comecem a pensar e, ai de nós, até a refletir. Para tal fim, adotam como medida preventiva enfiar em suas bocas secas e espumantes copos e mais copos de bebida alcoólica, petiscos ou cigarros, em geral todos os três, com a única finalidade de suprimir o pensamento enquanto não podem fazê-lo falando. Calados, em vez de pensar, embriagam-se, mastigam e fazem círculos de fumaça: tudo é válido para combater o péssimo hábito de usar a cabeça. Visto que não há como falar e pensar ao mesmo tempo, a verborragia gratuita é única salvação possível aos acéfalos.

Evidentemente, há ruídos muito incômodos e outros nem tanto. Parte deles não é de origem biológica, embora isso não seja nenhum consolo. Contudo, vozes e atividades humanas respondem por pelo menos três quartos de todos os barulhos que atormentam o pensamento. Como essas bocarras imortais rodeadas por corpos perecíveis adoram falar, gritar e rir escandalosamente, deveríamos logo cortar fora suas línguas como a vingança mais justa, pois apenas assim sentirão em suas peles como é perder a única coisa que lhes dá algum prazer na existência.

Não há dúvida de que, quanto mais elevado é o intelecto de um indivíduo, mais sofre, maior é sua sensibilidade a impressões desagradáveis. Aquilo que, para um indivíduo obtuso, é apenas um ruído de fundo, para um homem de inteligência aguçada é uma brutalidade; o que passa completamente despercebido à maioria é sentido por ele como uma agulhada no cérebro. A vulnerabilidade às torturas do barulho é um dos melhores exemplos das torturas às quais um homem se expõe por sua condição de ser pensante. Foram poucos os pensadores que não fizeram questão de deixar por escrito o quanto suas vidas foram amarguradas por isso.

Pássaros com cantos desafinados logo pela manhã, insetos com zumbidos estridentes pela noite toda, choros de crianças, gritos e conversas de adultos estúpidos, ferramentas de alto impacto, músicas em alto e péssimo som, aparelhos disparando alarmes a todo o momento: essa mixórdia dissonante esmaga o espírito e reduz até o maior gênio a um idiota. Despojado de suas faculdades, um homem brilhante passa a sofrer com o tédio causado pela ausência de atividade mental. Torna-se patético como qualquer outro ser desprovido de inteligência, pois seu gênio foi temporariamente confiscado pela imbecilidade alheia.

Num ambiente ruidoso, uma festa popular, por exemplo, todos se tornam igualmente estúpidos, e é exatamente essa a intenção. A capacidade de pensar é nivelada por baixo, resultando numa massa de indivíduos alegres e uniformemente boçais. Naturalmente, a socialização em grande escala sempre vem acompanhada de um fundo musical excessivamente alto e chulo para que isso compatibilize as pequenas diferenças de inteligência que há entre os presentes. Sabemos que misturas heterogêneas de indivíduos prejudicam a socialização. Portanto, numa situação na qual alguns são burros, outros são retardados, ainda outros cretinos, a música contínua assegura que todos, ao menos pela duração do evento, tornem-se jumentos de mesmo porte. Podemos ver a prova disso pelas suas expressões angustiadas quando a música, por algum motivo, é interrompida. Em silêncio, retornam as inimizades, salientam-se as diferenças. Lentamente regressam para dentro de si mesmos, voltam a usar suas cabeças, coisa que os enche de horror. Durante tais eventos, sentem-se plenos porque o barulho onipresente os tranca para fora de si próprios, convoca-os à vida exterior, na qual todos são iguais, similarmente desprovidos de atividade cerebral, exceto a necessária para articular urros sociais.

Os indivíduos sábios, encontrando satisfação em seus próprios pensamentos, ou ao menos em passatempos menos desmiolados, estão à parte dessa balbúrdia, não precisam dela para viver, mas isso não significa que estejam a salvo dos idiotas. Podem proteger-se facilmente das várias dores de que os insensatos, por sua própria culpa, são vítimas constantes, menos da agressão dos que fazem barulho. Esse é o único ponto fraco de sua arma, que agora se volta contra eles próprios na forma uma dor excessiva originada por uma causa ínfima. Porém, mesmo disso podem destilar algum aprendizado. Em poucos segundos, sentem em sua pele como é lamentável habitar esse mundo superficial de impressões sensoriais toscas e exageradas. O contraste gritante entre sua vida pessoal e a intuição que passa a possuir a respeito da dos demais quando, por alguns instantes, se vê mergulhado na mesma situação, mostra-se tão desfavorável que essa curta experiência é suficiente para consolidar a certeza de que suas vidas não valem nada, tanto que vivem apenas para esquecê-las socializando-se.

Em qualquer circunstância na qual seja necessário raciocinar sobre assuntos difíceis, a poluição sonora e social ocasionada pelos demais é algo extremamente invasivo. Em vez de nos dedicarmos aos objetos de nosso interesse, nossa consciência é sequestrada e forçada a contemplar os objetos em torno dos quais giram suas vidas insípidas, como insetos caindo dentro de nossas refeições. Por falta de coisa melhor, isso ao menos nos assegura que devemos ignorá-los tanto quanto possível, queimando todos os convites que recebermos para participar de suas vidas, e isso sem pensar duas vezes. Não deixa de ser um fato realmente digno de pena que suas vidas reduzam-se a banalidades e estardalhaços, mas isso não é problema dos que têm coisas mais interessantes a fazer. Não podemos nos responsabilizar pela miséria dos que gritam como que pedindo socorro de si próprios, incapazes de suportar suas vidas. Não podemos ajudá-los porque a inteligência só pode ser compartilhada entre os inteligentes. Contudo, considerando que a burrice, pelo contrário, é uma realidade que desconhece fronteiras, eles podem nos prejudicar e muito: para baixo, nem mesmo o chão é o limite.

Assim que um zurro qualquer nos força a entrar em contato com esses jumentos da palavra, perdemos imediatamente qualquer respeito por eles. Quando abrem suas bocas, faz-se uma declaração de guerra ao pensamento. Quanto mais falam, mais isso alimenta nosso desprezo. Calar-se, entretanto, é um sacrifício que não estão dispostos a fazer. Esses falastrões consideram-se importantes, acreditam honrar-nos com sua presença salival, e até o fim de seus dias farão todo o possível para aproveitar cada gota de sua saliva leprosa. Isso porque, dentro da existência, sua maior missão consiste em abrir a boca diante de todo ser humano que esteja próximo o suficiente para ouvir — e tornar-se vítima. Seres dessa espécie, quando se veem à distância, gritam-se desde muito longe; quando estão próximos, continuam aos berros, com demonstrações exageradas de afeto. Não é para menos que tais criaturas sejam altamente sociáveis: sua presença não vale nada. Vendem-se como prostitutas sifilíticas que cobram pouco pela amizade para infectar os demais com suas moléstias mentais.

Tentemos, por exemplo, falar com tais indivíduos sobre quaisquer questões que estejam além de suas impressões e sensibilidades imediatas, que sempre se encontram voltadas a assuntos vulgares e cotidianos: farão todo o possível para mudar de assunto, pegando uma tangente qualquer para que o foco da discussão volte, em linha reta, diretamente aos seus umbigos. Sua inépcia os torna insensíveis à noção de estética do pensamento, carecem de tato intelectual. Se são mais sociáveis que nós, isso não nos causa nenhuma inveja, pois sua socialização mais parece uma troca de tapas entre animais rudes e bêbados. Ao topar com indivíduos dessa espécie, temos a impressão de estar diante de máquinas industriais que só precisam de graxa, ou seja, de saliva, para começar a pensar em voz alta e nunca mais parar. Ainda assim, mesmo sendo essa sua única especialidade, nunca falam uma vírgula que seja interessante àqueles que permanecem mudos. Nada neles desperta nossa atenção, nada do que dizem nos instrui, senão como um exemplo a ser evitado. Enche-nos de esperança a improvável hipótese de fecharem seu antro de escarro, mesmo que para tomar fôlego.

Claro que ouvi-los com atenção apenas nos imerge na mesma situação lastimável em que se encontram, pois aquilo que entendem por dialogar na verdade consiste em despejar sobre nós um sem-número de ideias toscas quaisquer, uma constante verbalização invertebrada de tudo o que se apresenta aos seus sentidos. Tais conversas não envolvem pensar, apenas reproduzir verbalmente uma avalanche de dados brutos provenientes de sua experiência imediata. A todo instante, contam-nos detalhes de suas vidas com a intenção oculta de que pensemos por eles, alugando um canto de nossas mentes para servir de depósito de experiências alheias. Entulhar nossos cérebros com banalidades é o seu conceito de existência social. Parece que querem fazer de nossa memória um *backup* da história de suas vidas. Portanto, ao conversar com tais indivíduos seriamente, gastamos muitos recursos mentais organizando todo o lixo caótico que cospem em nossas consciências. Quando, depois de muito sofrer, encontramos uma solução para seus problemas pessoais, que nem mesmo nos dizem respeito, fazemos-lhes um favor que provavelmente sequer levarão a sério, já que trocam de problemas como quem troca de roupas. Nessa situação, desperdiçamos nossas ferramentas mais valiosas em tarefas nulas, perfurando paredes de concreto com brocas de ourives; usamos guindastes altamente sofisticados para discernir grãos de idiotice que nos entopem os ouvidos.

Resulta que o hábito de dar atenção a indivíduos obtusos embota rapidamente nossas faculdades intelectuais. Ao emitir uma opinião bem fundamentada a seu respeito, mesmo que para insultá-los, já tivemos ao menos de nos dar ao trabalho ingrato de processar todo esse material bruto que arremessaram contra nossos cérebros. É um otimismo ingênuo organizar todo esse conteúdo somente para proferir uma sentença concisa, polida e perfeita, na forma de um insulto brilhante. Isso não surtirá efeito algum, pois a agudeza de espírito não fere aquele que não tem nenhuma. Mesmo ao insultá-los com maestria, damos-lhes um presente que nunca poderiam retribuir: inteligência. Estamos prestando-lhes uma homenagem que não merecem quando os informamos a respeito de si próprios e de sua inépcia. Esquecemo-nos de que, para isso, precisamos antes encher nossas melhores taças com a baba espumada que escorre de suas vidas.

Cegos como são, sempre perdem as raras oportunidades de calar-se diante de alguém mais instruído que eles próprios. Sabem que, ao ouvi-los por alguns minutos, aprenderiam coisas que jamais poderiam conceber em todas as suas vidas, mas toda inteligência é inútil àquele que não tem nenhuma. Quando estúpidos veem cérebros poderosos à sua disposição, não querem aprender, mas apenas usar essa capacidade intelectual extra para processar rapidamente os problemas que eles próprios não desejam digerir. Querem que resolvamos cuidadosamente aquilo que, por preguiça, não estão dispostos a investigar pessoalmente. Ao encontrar um sábio cheio de boas intenções, usam-no apenas como uma máquina de fazer conselhos instantâneos; martelam seus tímpanos com descrições de dados brutos, comunicados em sua forma mais primária e inculta, esperando que saiam de sua boca soluções prontas, simples, úteis e polidas. Esse é o único motivo pelo qual indivíduos estúpidos entram em contato com sábios. Não querem aprender coisa alguma, apenas poupar esforço mental. Sua sabedoria é vista como um atalho para chegarem às conclusões que desejam sem pensar.

Depois de algum tempo na situação de calculadoras de obviedades em larga escala, nossas habilidades intelectuais se embrutecem, tornam-se calejadas, perdem a elasticidade, adaptam-se ao processamento de grandes quantidades de ideias duras e ocas. A troco de nada, marretamos meticulosamente milhares de castanhas, todas vazias. Por fim, tornamo-nos não apenas estúpidos, mas grandes estúpidos. A profundidade de nossa tolice, contrariamente à deles, desconhece limites. Quando guiados por objetivos cretinos, temos força suficiente para transcender os limites da sandice. Esse é o fim dos que, por caridade, põem sua inteligência a serviço de estúpidos e por eles se deixam guiar. Desse modo, quem tem capacidade de resolver os próprios problemas não encontrará vantagem alguma em socializar-se, em terceirizar seu cérebro às trivialidades dos demais. A convivência constante com seres vulgares nos força a calcular a tabuada do *1* até um milhão, todos os dias. Nesse contato, a única garantia é que deixaremos de crescer. Será sorte se não nos tornamos também estúpidos, e nesse sentido a melhor postura é nunca deixar que nos comprem com seus elogios insossos.

Até sermos interrompidos, estávamos muito bem dentro de nós mesmos, tentando resolver difíceis equações abstratas, como quem joga xadrez contra um adversário desconhecido. Porém, do nada, surge em nossa frente um bronco em busca de socialização. Sua presença equivale a um relincho social que nos convoca imediatamente à superficialidade. Acreditam que abdicar de nossos pensamentos, substituindo-os pelos seus desabafos vulgares e lamúrias mesquinhas, é um preço justo pela sua admirável companhia que, entretanto, não nos serve para nada. A aproximação é simples: seu modo de dizer *olá* é dar-nos um coice na inteligência, mas isso não é tudo. Daí em diante, somos sequestrados por um problema muito urgente: seus umbigos. Esses beócios estão perturbados porque se viram confrontados pela dificílima questão de calcular 1+1 de trás para frente. Mesmo que consigam alcançar a resposta sozinhos, por que se esforçar quando podem simplesmente pagar-nos uma bebida e, com isso, alugar nossos cérebros pela noite toda? Como nos envergonha a consciência alguma vez havermos sido ingênuos o bastante para aceitar esse tipo de convite às profundezas mais aterradoras de sua inanidade mental.

Muitas vezes, apenas por sermos seus conhecidos, exigem que tenhamos uma opinião sobre todos os assuntos que os importam, *i.e.* aqueles que nunca nos importariam. Ignorar suas dores é uma absoluta falta de respeito. Contudo, nunca fazem questão do contrário: seus problemas são obrigatórios, os nossos, opcionais. Convidam-nos a pensar por eles sob o pretexto dessa amizade que é curiosamente unilateral. Nessa altura, fica perfeitamente claro que, se ainda não conseguem distinguir uma resposta para seus problemas, isso não acontece, na maioria das vezes, por incapacidade mental, já que suas dificuldades quase sempre são ridiculamente simples, mas porque estão o tempo todo ocupados em falar, em tornar-se públicos, nunca em pensar. Em vez de refletir, preferem fazer barulho em nossas cabeças até que pensemos por eles para alcançar a paz de que desfrutávamos antes de conhecê-los. Ainda assim, se fossem apenas indivíduos curiosos, tudo bem; mas nem mesmo suas dúvidas são respeitáveis. As questões que levantam não são sequer perguntas, apenas um vômito de burrice com interrogação ao fim. Seja qual for o assunto, querem sempre que entreguemos a solução estupidamente pronta, não que os ensinemos a alcançá-la sozinhos. Todo o trabalho duro fica sob nossa responsabilidade, pois pensar nunca foi sua intenção. Além disso, fazem-se surdos quando apontamos problemas ainda mais complexos e dignos de consideração que os seus próprios: só se interessam pelos assuntos nos quais seus nomes aparecem no começo, meio e fim de cada sentença.

Há, contudo, ainda outro inconveniente levantado por suas vontades caprichosas. Se simplesmente lhes damos as respostas sem muitos rodeios, que devem sempre ser ladeados por melosos elogios implícitos, indignam-se também. Eles próprios, que não entendem nada do assunto, têm a firme opinião de que a resposta não pode ser tão óbvia. Acreditam que pressuponha muito empenho e suor, mas nunca por parte deles. Em suas cabeças vaidosas, suas mazelas são importantes demais para que algo tão singelo como a verdade aplique-se e explique suas vidas imediatamente. Antes que tenhamos o direito de apontar uma solução, temos de ouvi-los detalhar todos os seus problemas, um por um, pelo menos três vezes, e com as mesmas palavras. Tudo isso para que estejamos a par de fatos tão complexos como uma disenteria de origem desconhecida. Pode parecer ruim, mas é muito pior quando se consideram um problema sem resposta e divinizado, pois com isso buscam autorização para passar suas vidas todas nos alugando como um confessionário para migalhas insolúveis. Nessa situação, como se falassem de algum personagem lendário cujos atos deixaram marcas indeléveis sobre a existência, repetem suas histórias pessoais pormenorizadamente todas as vezes em que nos encontram, ignorando o fato de que, assim como eles, também temos memória de longo prazo, que logo converte-se em uma náusea traumática. No fim, não importa quanto nos esforcemos em ajudá-los, continuarão falando até que nossos neurônios comecem a chorar de desespero.

São esses, precisamente esses os indivíduos que não se sentem incomodados pelo barulho. Naturalmente, não perdem nada com o barulho, pois tudo o que se perde com isso é o pensamento. Ainda pior que suportá-los é perceber que jamais aprenderão a lição; sequer a ouvem. Pelo contrário, cultivam cada vez mais a tolerância ao ruído, vivem dentro de um mundo em emergência, repleto de sirenes, gritos, explosões e convulsões cerebrais. Todas as vezes em que enchem seus pulmões de ar, temos o prenúncio da morte de qualquer pensamento que os rodeie. Ao aceitá-los como amigos, estamos contratando-os como coveiros de nossa própria inteligência. Em sua companhia, nenhum pensamento jamais terá a oportunidade de manifestar-se sem ter a cabeça decepada por algum de seus disparates cortantes. Com os neurônios em coma, suas vidas fétidas escorrem de suas bocas como um esgoto gangrenoso de poluição sonora.

Os minutos de silêncio entre deitar a cabeça em seus travesseiros e o começo do sono: são esses os únicos momentos em que o pensamento os atormenta. Por isso, desesperam-se para dormir rapidamente. Apenas se dirigem às suas camas depois de exaustos, garantindo que o sono comece quase instantaneamente. Quando isso não acontece, e veem-se acometidos pela insônia, envoltos pelo silêncio, sem ter com quem conversar, sentem em suas mentes uma dor quase desconhecida, que é o pensamento tentando levantar-se depois de haver sido espancado e brutalizado o dia todo por suas vidas violentamente irrefletidas.

LEITURA

Há um abismo entre a erudição mecânica e a erudição refletida. Uma grande quantidade de conhecimento desordenada não é útil como uma pequena quantidade sobre a qual se refletiu, sobre a qual se ponderou, que veio a tornar-se parte da bagagem do indivíduo não como um penduricalho, mas como o próprio tecido de seu conhecimento, o mesmo que orienta sua vida prática. Muitos cultivam uma vida intelectual para impressionar os demais com citações sofisticadas e posturas excêntricas. Decoram um punhado de frases célebres que serão proferidas no momento oportuno como uma prova de inteligência. Leem obras complexas e obscuras apenas para demonstrar que seu intelecto é capaz de penetrar os mistérios mais profundos e concatenar as ideias mais mal amarradas. Tal conhecimento, entretanto, não lhes serve para nada. Trata-se somente de uma competição entre vaidades eruditas. Caso nossa intenção seja conhecer os benefícios autênticos da erudição, o primeiro passo consiste em abandonar a ideia de que, quanto mais, melhor. O segundo consiste em diminuir a distância entre nossas vidas e nosso conhecimento, de modo que, por fim, viver e conhecer tornem-se indissociáveis. Para tanto, precisamos ser organizados e metódicos em nosso aprendizado. Deixando de lado o pedantismo, passamos a cultivar uma erudição refletida e coesa, que se confunde com nós mesmos.

Tenhamos em mente que o pensamento crítico, a ciência, a erudição, a filosofia só possuem valor na medida em que puderem ser vinculados à realidade, não necessariamente numa abordagem prática, mas numa visão mais esclarecida a respeito do mundo. Possuir uma vasta erudição baseada num conhecimento fechado em si mesmo não passa de um grande desvario. Eruditos dessa espécie pensam que o conhecimento nada tem a ver com a realidade. Enquanto possuidores desse saber, julgam que só devem satisfação às referências bibliográficas. Trancados nesse ponto de vista, passam a louvar o conhecimento como um fim em si mesmo, tornando-se incapazes de situar

ANDRÉ CANCIAN

aquilo que sabem até nas questões mais elementares.

Por mais que estudemos, só possuímos realmente um conhecimento quando conseguimos justificá-lo, seja para nós mesmos ou para outrem, e isso em qualquer área de nosso conhecimento. Quem aceita ideias sem qualquer critério transforma sua mente num ferro-velho no qual tudo se mistura indistintamente. Como resultado, passamos a defender ideias que sequer compreendemos claramente. Quando confrontados, começamos a gaguejar e, embaraçados, dizemos que o assunto é demasiado complexo. Porém, isso acontece apenas porque nunca refletimos sobre o assunto. Quem sabe reproduzir mas não sabe explicar suas próprias opiniões é um impostor no mundo intelectual, e será desmascarado, cedo ou tarde, assim que se confrontar com um pensador autêntico.

Para que consigamos pensar com clareza, nossa visão de mundo deve ser um todo organizado, sem grandes cisões entre a perspectiva teórica e a prática. Quando estudarmos algo, caberá a nós a tarefa de vincular esse aprendizado a todas as facetas da realidade. Como resultado, passaremos a viver aquilo que pensamos. Cada lição nos enriquecerá, nos tornará mais competentes em lidar com o mundo. Assim, quando chamamos um garçom e pedimos água, sabemos que falamos em português devido ao nosso passado colonial. Sabemos que a água é composta de oxigênio e hidrogênio, o mesmo oxigênio que as plantas liberam como resultado da fotossíntese, que surgiu como resposta a uma crise energética ocorrida nos primórdios da vida que, bilhões de anos depois, resultou em nossa existência, e assim por diante. Quando nosso conhecimento é coeso, encontramos relações mesmo entre os fatos mais distantes. Em nossa visão de mundo nenhum fato deve ficar isolado, pois aquilo que aprendemos só passa a fazer sentido depois de articulado ao conjunto total de nossos conhecimentos.

Se imaginarmos nossas mentes como uma casa, quando simplesmente decoramos fatos e teorias, estamos, na verdade, jogando objetos dentro dela sem qualquer ordem: deixamo-los espalhados pelo chão. Caso um dia precisemos deles, provavelmente não conseguiremos encontrá-los; caso alguém pergunte para que servem, não saberemos responder. Aqueles cômodos nos quais colocamos nossas crenças são os que ficam trancados à evidência: só entramos neles com a luz apagada; não nos permitimos ver, muito menos tocar os objetos em seu interior. Ou seja, desperdiçamos espaços valiosos com algo que na verdade não nos pertence, pois os dedicamos à superstição. A reflexão, nessa ótica, seria o hábito de mantermos nossas casas limpas e arrumadas, organizando aquilo que aprendemos dentro de uma estrutura lógica e funcional, para que isso nos ajude no dia a dia. Também significa nos livrarmos de ideias inúteis, jogar ao lixo as teorias que nos fazem tropeçar. Essa disciplina nos torna lúcidos, donos de nosso conhecimento.

Consideremos também que boa parte da tarefa de organização e limpeza é feita inconscientemente. O cérebro humano é seletivo no que deve absorver, pois temos limitações físicas quanto ao que podemos carregar em nossas mentes. O resto simplesmente se perde no abismo do esquecimento. Fatos desconexos e sem sentido são esquecidos porque não têm vínculo com nossas vidas. Em nossas mentes, aquilo que não se usa se perde, e só conseguimos usar aquilo que tem alguma utilidade. Isso significa que não aprendemos algo apenas porque consta na grade oficial com o carimbo do *tu deves*, tampouco porque está listado na bibliografia recomendada. O aprendizado só acontece com naturalidade quando temos algum interesse no assunto em questão, quando é particularmente útil aos nossos propósitos ou tem algum sentido que nos diz respeito. Quando já temos uma estrutura prévia à qual incorporar o novo conhecimento, basta que tenhamos algum motivo para considerá-lo relevante, e o aprendizado ocorrerá quase automaticamente. Se o conteúdo a ser absorvido, pelo contrário, não estiver situado em nossa área de interesse, não haverá como esconder o tédio, o repúdio àquilo que será um esforço desapaixonado, uma tortura inútil, pois sabemos que tudo será esquecido.

A questão, portanto, não é como enxertar em nossas cabeças o conteúdo de todos os livros que julgamos valiosos, pensando que o dever estará cumprido — isso equivaleria a decorar listas telefônicas. É necessário que haja uma lógica justificando, dando sentido e finalidade ao que estudamos. Cavar um grande buraco em nossos quintais, por exemplo, é algo que requer grande esforço e, a princípio, não faz sentido algum. Se acrescentarmos que a escavação será para fazermos uma piscina, o trabalho terá sentido, mas não justificará o esforço. Ele só será justificado se, obviamente, gostarmos de nadar —

ANDRÉ CANCIAN

do contrário estaremos apenas perdendo tempo na construção de algo que acabará como uma poça de lodo, feita apenas para impressionar os vizinhos.

O pensamento é uma faculdade limitada, porém extremamente versátil, e deve ter diante de si apenas aquilo que lhe é útil. Decorar um livro de capa a capa é algo pouco inteligente. Tal conhecimento ocupará um enorme espaço inutilmente, e precisaremos exercitar nossa memória constantemente para evitar esquecê-lo. Faríamos melhor em memorizar apenas uma versão resumida daquilo que lemos, um índice das relações entre os fatos mais importantes, pois com isso haverá espaço para armazenarmos o conteúdo de diversos livros. Elaborar esse índice de relações é exatamente o processo de refletir. Se, num momento posterior, precisarmos de algum detalhe específico, sabemos que o original estará na estante. O cérebro é mais importante como uma ferramenta para processar dados que para armazená-los, pois para tanto temos bancos de dados digitais estupidamente eficientes.

Quando abrimos um livro, estamos diante de um sem-número de ideias que não cabem todas em nosso cérebro. Devemos escolher apenas aquelas que nos interessam pessoalmente, para depois refletir sobre elas. Contudo, para extrair qualquer sentido de uma leitura, ainda mais de obras densas e abstratas, é necessário possuir pleno domínio das próprias ferramentas intelectuais. Não basta saber ler, abrir os olhos, seguir as linhas e esperar que as coisas aconteçam magicamente: é necessário ruminar, concluir, pôr a mão na massa, algo que requer muito esforço e tato — razão pela qual a sabedoria dos livros só é acessível àqueles que pensam. Portanto, se não soubermos exatamente o que procuramos numa obra, não conseguiremos distinguir entre o útil e o inútil. Ansiosos, tentaremos absorver tudo e, como isso é impossível, não absorveremos nada.

O melhor modo de estabelecer um critério de utilidade consiste em peneirar aquilo que nos é apresentado, selecionando apenas o que pudermos agregar coerentemente à nossa visão de mundo. Pode parecer lamentável que não possamos armazenar tudo, mas assim como não nos lembramos de todas as experiências que resultaram em nosso conhecimento atual, não precisamos nos lembrar de cada página lida, apenas da lição principal, ou apenas de uma lição particularmente útil. Assim como os alimentos que ingerimos, as leituras só passarão a fazer parte de nossos cérebros depois de digeridas, nunca em seu estado bruto — incorporamos as informações úteis e descartamos o resto. Nesse sentido, aqueles que não estudam terão um intelecto fraco e desnutrido; os que estudam compulsivamente sem refletir terão uma erudição obesa e letárgica.

Diante de um livro, é comum alguns pensarem que aquelas letrinhas pouco têm a ver com suas vidas. Quando forçados, leem a contragosto como quem faz um favor aos demais. Entretanto, uma resposta instintiva e positiva a essa questão é o pressuposto de qualquer aprendizado. Sem isso, qualquer estudo será tempo escorrendo pelo ralo. Todas as palavras lidas serão deixadas ao vento. O conceito de leitura será reduzido uma corrida na qual nossos olhos devem percorrer as linhas o mais rapidamente possível a fim de que reste tempo para fazermos aquilo que nos importa. Todo estudo será associado a uma crescente e justificável repulsa em digerir algo que não faz sentido e, por isso mesmo, acabará vomitado. É evidente que, quando não temos interesse, não nos damos ao trabalho de relacionar os conceitos, de pensar sobre o que lemos. Parece uma perda de tempo dupla: além de ler, ainda temos de pensar sobre o assunto — mas esse é o único modo de incorporá-lo à nossa visão de mundo. Sem reflexão, abrimos mão exatamente da realidade daquilo que lemos, deixamos de dar o último passo, que é o mais interessante. Como alguém que, depois de ler um livro de culinária, deixa de empregá-lo em suas refeições, pois aprender as receitas já foi muito cansativo. Eram receitas teóricas, que nada têm a ver com aquilo que se faz na cozinha.

A maioria dos indivíduos sequer reconhece que, ao ler, está entrando em contato com outra pessoa que tenta dizer-lhe alguma coisa, exatamente como em uma conversa. Há uma espécie de repúdio automático, um preconceito, que a impede de reconhecer que ler se trata de entrar em contato com as ideias de outro ser humano, não de uma atividade excêntrica à qual alguns indivíduos superdotados e chatos se dedicam por motivos incompreensíveis. Parece que, num diário, numa carta, fala-se de um mundo real; num livro, fala-se de um mundo imaginário que não nos diz respeito para além das portas da universidade. Nem todos os livros dizem a verdade porque humanos também mentem por escrito, assim como em conversas; nem todos são interessantes porque nem todos têm algo interessante a dizer, ou porque não sabem expressá-lo de modo cativante. Assim como dialogar com certas pessoas pode ser entediante e, com outras, muito interessante, o mesmo ocorre com os livros. Pelo mesmo motivo que somos criteriosos na seleção de nossas amizades, devemos escolher cuidadosamente os livros aos quais dedicamos nosso tempo. Repudiar a leitura porque alguns livros são maçantes é o mesmo que rejeitar quaisquer amizades porque certos indivíduos nos aborrecem.

Muitos menosprezam a leitura porque, quando o assunto é conhecimento, parece-nos à primeira vista que aprender algo numa conversa, numa aula ou numa leitura seria exatamente a mesma coisa. Que diferença faz se o conhecimento que queremos está na cabeça de outrem ou em folhas de papel? Muita. Em interações sociais, aprendemos muito pouco, e isso por dois motivos. O primeiro é que a maioria dos indivíduos tem pouco a nos ensinar que seja de nosso interesse. O segundo é que, mesmo que alguém tenha algo a nos ensinar, e mesmo que esteja disposto a fazê-lo, muitas vezes o conflito de vaidades impede que o aprendizado ocorra. Como priorizamos o teatro social, o conhecimento e a reflexão acabam em segundo plano. Perdemos inúmeras oportunidades de aprender simplesmente porque estamos preocupados demais em impressionar, em provar que somos superiores. Aquilo que temos a dizer sempre parece mais importante que aquilo que temos a ouvir. O fato, entretanto, é que só aprendemos quando estamos com a boca fechada. Ao repetir como papagaios aquilo que já sabemos, isso só garante que nada de novo chegará aos nossos cérebros. Numa leitura a situação é diferente, pois não sentimos nossa vaidade ser afrontada. Não estamos disputando nem tentando provar algo, pois não há testemunhas. Ninguém rirá se formos refutados, se não entendermos alguma passagem. Estamos anônimos, protegidos da vergonha pública. Então, enquanto numa conversa, por motivos óbvios, não podemos falar tudo o que nos passa pela cabeça, numa leitura poderemos pensar o que quisermos sem qualquer receio.

Isso explica por que aquele que lê aprende muito mais que aquele que apenas conversa. Teoricamente, o resultado deveria ser o mesmo, mas não é. Num debate intelectual, quase tudo se resume à guerra de orgulhos, à troca de farpas. Se o que queremos é conhecimento, estamos apenas perdendo tempo. Por outro lado, numa leitura, também há uma guerra, só que de ideias, coisa que favorece grandemente nosso crescimento intelectual. A leitura, mesmo sendo um diálogo, cria uma atmosfera impessoal extremamente propícia ao aprendizado, colocando não o ego, mas a reflexão como prioridade. Imersos num livro, situamo-nos num universo no qual inexistem interesses pessoais e sociais. Isso tudo fica em segundo plano. No domínio do intelecto, tudo é conhecimento, e o único interesse é o entendimento. Sem espectadores, a vaidade adormece, e vemo-nos aptos a refletir livremente. Esse distanciamento é o que torna a leitura eficiente, mas também gera a impressão de que livros não dizem respeito à realidade. Parece-nos que o autor é um personagem de ficção. Parece-nos que ele é o próprio livro, que nasceu dentro dele, não que o escreveu. Sentimo-nos um pouco ridículos ao discutir com um bloco de papel, pois temos a impressão de estar falando sozinhos, ou seja, perdendo tempo. Se nossa intenção for fazer amigos ou impressionar os demais, isso não deixa de ser verdade. Entretanto, se quisermos aprender, o diálogo com livros é o melhor caminho.

Acrescentemos que estaremos dialogando com alguém que, ao menos no assunto em questão, provavelmente sabe muito mais que nós. Aquilo que custou a outrem anos de disciplina, pesquisa, estudo e reflexão está condensado em páginas que podemos ler em poucas horas. Como podemos pensar que sua leitura é uma perda de tempo? Levaríamos o mesmo tempo, ou talvez mais, para chegar às mesmas conclusões por nós mesmos. O quebra-cabeça já está resolvido, e cabe a nós apenas entender os detalhes da montagem. Algumas horas de leitura, somadas a outras tantas de reflexão, resultam na aquisição de um conhecimento que levou anos para ser lapidado. Se tivermos um mínimo interesse na aquisição daquele conhecimento, temos de admitir que, com a leitura, ganhamos tempo. Desse modo, quando empregada inteligentemente, a leitura nos alavanca, nos poupa muito esforço. Conseguimos extrapolar as limitações do aprendizado individual e evitar muitos erros. Nosso entendimento torna-se capaz de investigar lugares extremamente distantes, que nos seriam inacessíveis caso nos limitássemos ao aprendizado proporcionado pelas nossas próprias experiências pessoais. Dentro de poucos anos, nossa visão particular concentra a sabedoria de incontáveis gerações.

Entretanto, quando lemos sem refletir, tornamo-nos eruditos, mas continuamos estúpidos, pois nossa vida não se mistura ao conhecimento. Em nossa ânsia de consumir, compramos coisas sem nos dar a oportunidade de aprender a usá-las. No fim, apenas colecionamos conhecimentos alheios como quem organiza bibliotecas, mas nunca abre os livros.

Nessa situação, os alicerces não estão ruins, pois não há alicerce algum, só um caos no qual cada lado defende que o autor quis dizer isto ou aquilo, e ambos são incapazes de explicar por que isso é importante. Ver o conhecimento sendo debatido como se não se tratasse de uma opinião de outra pessoa é quase uma piada. Levam-se mais a sério as sutilezas gramaticais que a veracidade daquilo que é dito. Como resultado, o conhecimento que se forma na mente dos indivíduos é algo como um arquipélago: caminha-se aos saltos e tropeços entre ilhas ridiculamente pequenas e esparsas, formatadas no padrão ABNT, que nada têm a ver com o continente de suas vidas que, este sim, é contínuo, consistente, pensado, real. Equilibram-se sobre tais ilhas e saltam de modo coreografado apenas para demonstrar que são bons trapezistas intelectuais. Depois do espetáculo, tiram seus uniformes e voltam a usar a própria cabeça.

Quem nunca relacionou a cor de seus olhos à genética, sua condição social à história, suas gírias ao português, uma explosão à física, um macarrão empapado à química, uma cãibra à biologia, pode muito bem saber o que está nos livros, mas nunca refletiu, nunca se deu conta de que o que está nos livros está no mundo, é o mundo e também ele próprio que, de tanto saber, esqueceu-se de pensar.

A preocupação essencial deveria ser o quanto a leitura de certa obra nos enriquece e ajuda pessoalmente. O resto são detalhes desprezíveis, aos quais se dedicam apenas aqueles que perderam de vista a questão essencial. A leitura é de onde tiramos o conhecimento que nos torna capazes de lidar melhor com o mundo tridimensional das alternativas infinitas e das opções limitadas, das questões sem resposta, dos recursos escassos e do tempo curto, levando-nos a fazer a escolhas mais competentes. Lemos porque queremos saber a opinião de outros indivíduos que estudaram as mesmas questões que nos interessam, pois lidaram com os mesmos problemas e talvez tenham encontrado soluções melhores que as nossas, talvez tenham algo a nos ensinar.

Quando terminamos de ler um livro, geralmente temos a impressão de que continuamos os mesmos, assim como continuamos a mesma pessoa que éramos no mês passado, pois a mudança é gradual demais para que consigamos notá-la com clareza. Porém, se considerarmos o quanto crescemos durante um ano de leitura em comparação com um ano de atividades cotidianas, perceberemos seu poder de nos fazer crescer quase exageradamente, como se estivéssemos vendo o mundo por sobre ombros de gigantes. Essa é a razão pela qual os estudiosos parecem mais inteligentes que a maioria, mesmo que possuam apenas uma capacidade intelectual mediana. Seus cérebros tornaram-se ágeis e vigorosos porque os exercitam diariamente; tornaram-se profundos porque o estudo acrescentou-lhes muitos anos de sabedoria, adiantou-lhes a vida. Mas isso só aconteceu porque absorveram o conhecimento ativamente e, através da reflexão, o usaram para constituir a si próprios, não para enfeitar suas conversas. Distinguem-se não pela erudição mecânica, que garante pouco mais que um computador, mas pela capacidade de pensar, pela habilidade em caminhar dentro do campo de sua erudição com clareza, com os passos firmes de quem sabe onde está pisando. Escolhem por si mesmos o que devem ou não incorporar do que o mundo lhes apresenta, e sabem explicar o porquê.

Quando compreendemos que todo livro bem escrito é como um presente, como um atalho no labirinto do mundo, buscaremos instintivamente o conhecimento como quem busca o melhor para si próprio. Leremos, mas não absorveremos tudo passivamente. Discutiremos com o autor, refutaremos suas teses infundadas, aceitaremos algumas explicações, faremos perguntas incômodas, adivinharemos nas entrelinhas algumas de suas segundas e terceiras intenções. Haverá uma troca de ideias, da qual tiramos nossas próprias conclusões. Concordando ou não, geralmente ficamos gratos que o autor tenha se dado ao trabalho de compartilhar sua experiência conosco.

* * *

Até aqui, vimos apenas as razões pelas quais o cultivo do conhecimento, principalmente através da leitura, é desejável e útil. Ponderamos sobre a função da reflexão nesse processo. Todavia, para ser justos, não poderíamos deixar de mencionar o aspecto negativo envolvido no ato de ler, ou seja, o lado prático. Mesmo que seu mérito seja inegável, temos algumas observações incômodas a fazer.

Fora do universo tradicional dos iniciados, despreza-se cada vez mais a leitura, porém não sem razão. O primeiro motivo, e o mais óbvio, é que há modos cada vez mais práticos de chegarmos a aprender alguma coisa sem abrir um livro. O conhecimento não apenas já chega pré-mastigado, como também pré-digerido. Não é sequer necessário pensar muito para absorvê-lo. Seria ilógico que alguém escolhesse o caminho de espinhos quando pode aprender o que quiser simplesmente apertando o *play*. Como somos naturalmente econômicos em nossos esforços, é óbvio que escolheríamos o modo mais fácil de incorporar alguma informação quando o objetivo é apenas tê-la na cabeça, não esperar que os demais nos elogiem por isso. Contudo, na defesa da leitura, muitos se tornam quase irracionais.

A imagem que se pinta dos livros, de alguém que lê livros, é rodeada por uma aura mística. Tem-se a impressão de que quem aprendesse exatamente a mesma lição através de um vídeo nunca se equipararia àquele que a aprendeu pela leitura. Há um quê de exagero nisso. O ato de ler não significa reflexão necessariamente, tampouco vídeos implicam irreflexão.

A presunção de que devoradores de livros sejam espíritos elevados, seres inerentemente pensantes, nasce da ideia razoável de que alguém dado à atividade penosa de ler também esteja familiarizado com o processo cansativo de refletir. Faz sentido, mas, à primeira vista, temos uma imagem muito elogiosa que omite o aspecto inconveniente da questão, ou seja, a dor, mental e também física.

Se a leitura fosse algo agradável por si só, não haveria necessidade de incentivá-la, assim como ninguém perde tempo salientando o valor do dinheiro. É extremamente duvidoso que alguém, em sã consciência, realmente veja na leitura um fim em si mesmo, senão por nunca ter pensado no assunto com honestidade. É tão ilógico quanto dizer que fazemos exercícios físicos como um fim em si mesmo, sem nenhum interesse no bem-estar, na saúde, na beleza etc. Não sejamos tão ingênuos.

Sentar-se numa poltrona, debruçar-se sobre um livro e passar horas a fio decodificando palavras é algo muito incômodo fisicamente. Não conseguimos permanecer muito tempo parados sem que logo comecem a surgir efeitos como cãibras, coceiras, dores nas costas, membros dormentes e vistas cansadas. Todos esses incômodos envolvidos no ato físico de ler evidenciam que se trata de uma atividade artificial, que requer uma grande quantidade de treinamento para que possamos suportá-la por longos períodos. Condicionar-se fisicamente à leitura de livros é algo que requer muita disciplina bruta, pois se trata de um procedimento extremamente maçante e estranho à nossa natureza. Do ponto de vista psicológico, o ato de ler pode ser resumido como um esforço mental intenso e prolongado, no qual o objetivo consiste em manter nossa atenção fixa em um único ponto no qual não há absolutamente nada de cativante ocorrendo. É uma atividade cansativa e tediosa como cruzar um oceano de páginas num pequeno barco a remo. Cada remada é como um esforço da imaginação que nos permite ver a paisagem pintada pelo autor.

Não importa quão interessante seja aquilo que estamos lendo, o ato de observar pequenos caracteres ao longo de inúmeras páginas e disso destilar algum aprendizado é, em si mesmo, um processo extremamente penoso. O prazer nunca está na própria leitura, mas naquilo que aprendemos. Sem dúvida, nossa curiosidade sobre o assunto pode fazer com que não notemos todos esses elementos conscientemente. Porém, caso ainda não estejamos convencidos do caráter insípido da leitura em si, podemos dissipar todas as dúvidas tomando à mão a coisa mais desinteressante que pudermos imaginar, como uma lista telefônica, por exemplo. Não precisaremos ser grandes mestres da introspecção para vislumbrar uma constelação de elementos incômodos que dizem em uníssono: pare de perder tempo. É impossível não darmos por eles e, por fim, termos lido de capa a capa algo tão estéril num descuido ante uma atividade tão prazerosa como a leitura. Isso simplesmente não acontece. No melhor dos casos, elogiamos aquele que tem o hábito de ler exatamente por ter conseguido superar todas essas dificuldades, sendo capaz de realizar uma tarefa bastante árdua. Apenas indivíduos infectados por um pedantismo elevado à demência chegam a afirmar que se sentem transportados a um mundo de prazeres ao ler, esperando ainda que acreditemos. Como qualquer exercício, a leitura é uma tarefa essencialmente desagradável. Trata-se de algo edificante, não prazeroso. O prazer é colhido como uma exceção, como um efeito colateral ultravalorizado.

Como em qualquer área da atividade humana, ninguém se daria ao trabalho de ler sem que houvesse alguma expectativa de recompensa. Imaginemos com que boa vontade leríamos o mais tedioso dos livros se sua compreensão nos permitisse desvendar a localização de um tesouro — só que o tesouro em questão não são barras de ouro, mas empregos mais bem remunerados e prestígio social, uma vantagem a mais sobre a competição. Isso porque, em regra, ninguém gosta realmente de estudar, mas da sensação de poder proveniente da erudição. Mesmo aqueles raros indivíduos cujo lazer consiste, por vontade própria, na leitura de pesados volumes, não podem ser vistos como exceções, já que encontram no próprio aprendizado motivo suficiente para justificar seu esforço. Ainda assim, seria difícil acreditarmos que não há nenhum motivo, nenhuma ambição inconfessa por detrás de um ócio tão construtivo. Não é outro o motivo pelo qual tantos se orgulham da leitura de longos livros enfadonhos. Sendo um esforço hercúleo cujo lucro líquido em erudição não nos indeniza pelo enfado, passamos a exigir que os demais cubram o prejuízo na forma de reconhecimento.

Nesse sentido, é interessante observar que é muito comum recebermos recomendações de livros e mais livros, todos ótimos, todos excelentes. Lendo-os, entretanto, é raro encontrarmos algo que esteja à altura de tais elogios. Considerando que a maioria dos livros é ruim, inclusive muitos dos clássicos, não espanta que quase tudo o que nos recomendam seja o mais completo lixo. Logicamente, recomendam livros ruins simplesmente porque perderam tempo lendo-os. Elogiam tais livros apenas para elogiarem a si próprios. O tempo é valioso e, quando o investimos, não há volta. No fim de uma leitura, poucos conseguem admitir que apenas perderam tempo. Preferem enganar-se. É importante que estejamos atentos a tal fato, ou perderemos muitas horas em busca de tesouros que simplesmente não existem. O valor dos livros ruins é declarado meramente pela vaidade dos que perderam tempo lendo-os.

Como todos leem esperando, direta ou indiretamente, algum lucro na forma de aprendizado, nenhum tipo de livro é mais odiado que os herméticos, cheios de preliminares, rebuscamentos e rodeios desnecessários. Envolver o sentido de uma ideia com uma dura casca gramatical, como se fosse uma castanha de ouro, é prestar-lhe uma homenagem excessiva. Ideias dignas de valor se fazem reconhecer por si mesmas pelo modo admirável como enriquecem nossa visão, de modo que as sentimos como uma agradável surpresa. Embrulhá-las várias vezes com letras douradas não tornará o conteúdo mais valioso. É comum gastarmos um longo tempo interpretando certo texto pedante e hermético para, no fim, descobrir que seu conteúdo não passava uma obviedade embalada como algo valioso. Com razão o leitor se sentirá enganado, pois o autor, numa tentativa de parecer profundo, complicou suas teorias desnecessariamente.

Por mais difícil que uma ideia seja, por mais orgulho que seu dono possua de tê-la concebido, qualquer esforço no sentido de torná-la mais difícil de ser apreendida não passará de uma valorização excessiva pela qual será punido com o desprezo de seus leitores. Situação semelhante seria a de alguém que deixasse um bilhete preso à geladeira avisando que só voltará mais tarde porque o carro quebrou. Porém, imaginando que isso fará com que levem a sério sua mensagem, escreve o bilhete em latim e o enterra no quintal, deixando preso à geladeira apenas um mapa cheio de mensagens enigmáticas. O esforço para que alguém chegue a compreender seu recado não será compensado pelo valor de suas ideias. Temos a impressão de que indivíduos dessa espécie leram livros difíceis, não entenderam, e então passaram imitá-los por questão de estilo, pensando que dizer banalidades confusas e incompreensíveis é glamoroso. Seria mais justo que tais autores escrevessem livros sobre enigmas, palavras cruzadas ou charadas, pois ao menos assim seus leitores não sentiriam que estão diante de um impostor, de alguém que escreve para esconder seus pensamentos.

A clareza na exposição das ideias é o sinal distintivo de um autor que confia no valor daquilo que diz. Deixar que, sob o pretexto do estilo, ideias óbvias sejam adornadas e maquiadas até se tornarem irreconhecíveis é a admissão de que, em si mesmas, não valem sequer o papel em que estão impressas. É perdoável que, por exemplo, na poesia, uma área que valoriza a estética tanto quanto o conteúdo, haja passagens que devam ser muito interpretadas para que se tornem compreensíveis, mas isso apenas se justifica se, igualmente, o efeito estético resultante estiver à altura da dificuldade de interpretação. Como se, depois de passar um longo tempo tentando descobrir o segredo de um cofre, víssemos em seu interior um objeto tão belo que nos fizesse, com um sorriso no rosto, esquecer todo o esforço necessário para abri-lo. Mas é comum, pelo contrário, encontrarmos no interior do cofre apenas um bilhete dizendo "parabéns, caro leitor, pois demonstrou ter inteligência para resolver meu enigma; sua recompensa é tê-lo resolvido; sorria". É impossível não revoltar-se como quem, no fim no mês, não recebesse salário algum, mas apenas um bilhete elogioso. Ler poesia é como ouvir música com os olhos: se não nos encanta, não serve para nada.

Aquele que não quer ser compreendido deveria escolher o caminho mais fácil: não escrever. Quem produz textos para si próprio, sem qualquer preocupação em torná-lo apresentável àqueles que os lerão, deveria rabiscar diários, não publicar livros. O fato de um assunto ser pessoal não justifica textos confusos, pois é perfeitamente possível ser claro em assuntos pessoais. Se tivermos um domínio razoável da língua e um interesse sincero em ser compreendidos, não haverá dificuldade alguma. Porém, se não conseguimos colocar no papel aquilo que pensamos, isso ocorre porque nossos próprios pensamentos são confusos até para nós, em geral porque nunca pensamos no assunto sobre o qual paradoxalmente estamos tentando escrever. Textos confusos nascem quando tentamos escrever sobre aquilo que não entendemos. Nessa situação, em vez de explicar, limitamo-nos a reproduzir, dentro da norma culta, a confusão que há em nossas cabeças. Deveríamos nos preocupar em dominar o assunto antes de nos pronunciarmos sobre ele. Ademais, como há inúmeros autores que conseguem fazer-se compreender perfeitamente bem, a culpa não pode ser da linguagem. Assim como falar, escrever é fácil. Difícil não é escrever, mas pensar com clareza.

Temos outro sinal característico da pobreza de uma ideia quando o autor se dirige ao leitor em primeira pessoa, numa tentativa de assegurar que devemos acreditar em sua palavra. Se o autor não consegue conquistar a confiança de seus leitores pela honestidade na exposição de suas ideias, pouca diferença fará que apareça pessoalmente, seja entre parênteses, em notas de rodapé ou em sua porta, confirmando que é absolutamente digno de consideração. Quando o autor charlatão percebe a debilidade de uma ideia, não vê outra saída senão vendê-la pessoalmente, como se sua mera presença fosse suficiente para conferir qualquer autoridade a uma ideia tola. Não há coisa mais desagradável que ler esses escritores que tentam se autopromover conversando diretamente com os leitores. É um sinal tão evidente de desespero que mais parece uma confissão de incompetência. Só um parvo compraria uma ideia por compaixão, comovido pela incapacidade intelectual do autor. Vemos poemas falando de versos e da caneta que os escreve, livros falando de seus parágrafos e esclarecendo-os, autores conversando com leitores em primeira pessoa; isso é ridículo. A metalinguagem só é admissível como um prefácio, uma apresentação. Para além disso, se empregada suficientemente bem, será no máximo uma excentricidade, um recurso de estilo dos que dispõem de gênio suficiente para dar-se a esse luxo como uma demonstração de excesso de capacidade. Quando o caso não for nada disso, como geralmente não é, o autor que possua qualquer dignidade simplesmente deve partir e deixar que suas ideias falem por si próprias. Não nos importa a opinião pessoal que tenha a respeito desta ou daquela ideia, interromper a todo o momento sua exposição para cumprimentar o leitor pessoalmente e prestar-lhe satisfações, explicações e porquês sobre os detalhes mais ínfimos da atividade que somente diz respeito a ele próprio é uma falta de respeito para com seu público, um insulto à inteligência daqueles que se dispuseram a ler seus livros. Não compramos refrigerantes esperando encontrar em seu rótulo, em vez de sua composição química, uma confissão verborrágica do fabricante a respeito das duras penas envolvidas na elaboração do produto, explicando que as matérias-primas exigem um longo e cuidadoso processamento. Não esperamos palavras sobre a árdua competição com empresas rivais ou sobre como foi sua luta para comprovar a patente de sua fórmula. Queremos apenas bebê-lo, não entender como é feito. O produtor que se vire com seus problemas pessoais, pois foi essa a atividade que escolheu para sua vida. Não somos obrigados a sofrer ouvindo seus lamentos. Sendo que a incompetência não adoça bebidas ruins, nenhuma explicação nos fará engoli-las.

É muito comum também que se tente passar confiança aos leitores através da citação de autores célebres, e isso equivale mais ou menos a uma fotografia na qual vemos o autor e a celebridade se cumprimentando como bons e velhos amigos. Também não passa de uma carta de recomendação assinada por ele próprio. A não ser que as palavras citadas sejam absolutamente necessárias como referência, não é mais que a admissão do autor quanto à sua incapacidade ou preguiça de dizer o mesmo com suas próprias palavras. Seria como se, numa entrevista de emprego, em vez de demonstrar suas próprias habilidades, fizesse menção a todas as pessoas importantes que conhece ou com as quais tem parentesco. Se quiséssemos saber aquilo que certo autor disse a respeito de um assunto qualquer, teríamos simplesmente comprado seu livro. Não inspira confiança que um autor cite autoridades constantemente sob o pretexto de seu caráter ilustrativo, pois isso somente ilustra sua própria insegurança, imaginando que ninguém ousaria contestar os pensamentos de alguém que possui conhecidos tão influentes. É o que acontece no caso do indivíduo que, apesar de sua erudição, é incapaz de pensar por si próprio, que não se dá ao trabalho de ruminar. Em vez de destilar daquilo que lê apenas a essência e misturá-la naturalmente à sua visão de mundo — algo que será propriamente interpretado como uma influência —, simplesmente joga na mistura pedaços de conceitos tão mal digeridos que ficam boiando no caldo de suas ideias como pedaços de cortiça que servem apenas para preencher páginas vazias. Talvez esse autor devesse considerar um emprego na área de compilação, já que muitas vezes, num capítulo todo, as únicas palavras que prendem nossa atenção são exatamente as citações, rodeadas por um deserto prolixo de ideias sem valor.

Seria melhor, em vez de simplesmente recortar ideias prontas, absorver a essência de tais ideias e integrá-la organicamente à nossa visão. Isso ao menos prova que refletimos sobre o assunto com profundidade suficiente para que a mistura resultante seja perfeitamente homogênea. Assim podemos dizer, com justiça, que tais ideias são realmente nossas, que temos o direito de usá-las como bem entendermos. Isso pode parecer uma desculpa para a falta de originalidade, mas, seja qual for a ideia que tenhamos, por mais genial, é extremamente improvável que ninguém a tenha pensado antes de nós. Mesmo quando chegamos a certa conclusão sozinhos, por experiência própria, não precisamos de mais que alguns minutos de pesquisa para perceber a infinidade de indivíduos que já disseram o mesmo muito antes de termos nascido, e não raro numa forma muito mais bem acabada.

O único motivo para que se continue escrevendo a respeito de assuntos sobre os quais quase tudo já foi dito consiste em reciclá-los, ou seja, atualizá-los nos pequenos detalhes que vieram à luz somente no momento presente, vesti-los com roupagens modernas e tirar fotos recentes com equipamentos mais sofisticados, explorar melhor seus detalhes e ângulos; também fazendo o papel de coveiros, enterrando os pensamentos aparentados que não tenham sobrevivido à provação do tempo, realizando todas as cerimônias necessárias para evitar que seus fantasmas continuem perambulando entre os vivos.

Desse modo, qualquer pretensão à originalidade deve ser vista com suspeita, já que em geral não é mais que um indício de ingenuidade. É confortante acreditarmos que fomos os primeiros a desflorar a verdade à qual nos casamos, mas em regra apenas preferimos não saber quantos outros já a tiveram como esposa antes de nós. Não é outro o motivo de nos sentirmos indignados quando descobrimos que não fomos os primeiros a tê-la ao lado — também não seremos os últimos. Por mais sedutora que seja a verdade, sempre será enganosa a ideia de que poderemos tê-la somente para nós próprios. Ela sobreviverá às nossas custas enquanto pudermos sustentá-la, partindo tão logo alguém oferecer-lhe melhores condições de vida.

Ler, em si mesmo, é um esforço penoso o bastante para que nos sintamos justificados em jogar ao lixo qualquer livro escrito com o objetivo de fazer com que seus leitores desperdicem suas vidas decifrando banalidades. Se considerarmos nosso tempo algo minimamente valioso, concluiremos que a maioria dos livros simplesmente não merece ser lida. Ler livros que nos desagradam é tão tolo quanto planejar um fim de semana junto a uma pessoa com a qual não temos a menor afinidade: não nos acrescentará nada, ficaremos entediados, e isso será nossa culpa, pois, diante de tantos livros bons, escolhemos os ruins apenas para provar que conseguimos engolir o lixo que está na moda. Faremos muito melhor em ler e reler os clássicos que em vagar pelo deserto de ideias ocas e autores hipócritas que, não tendo nenhuma coisa séria a dizer, escrevem livros como que para brincar com nossas caras.

SUICÍDIO

O fato de alguém se matar não é errado, da mesma forma como alguém não se matar também não é errado. Isso pode parecer confuso, mas decorre do simples fato de que moral não existe. Isso pode parecer estranho, mas pode ser explicado facilmente da seguinte forma: valores não existem. Isso pode, agora, parecer ilegal, mas não se pode alegar a inexistência das leis, visto que estão concretamente registradas em blocos branquinhos de celulose ecologicamente correta, todos fatiados em dimensões e gramaturas oficiais. Podemos lê-las na forma de símbolos linguísticos tradicionais da cultura vigente naquele determinado espaço geográfico dominado por certa população de hominídeos civilizados. Livros dessa natureza dizem, baseados em valores que não existem, o que não podemos fazer se nós, que não somos livres, quisermos permanecer livres, isto é, obedecer do lado de fora da cadeia. Sua finalidade última é determinar, geralmente em *Times New Roman* tamanho 12, os parâmetros para a vida em sociedade, ou seja, para que a moral... *inutilia truncat* ...enfim, para o bem de todos. O raciocínio circular acaba aqui. Se alguém quiser continuar rodopiando legalmente em filosofias relativistas até induzir o vômito, *nihil obstat*.

Isso pode parecer insolente, mas podemos negar sua existência com um porém concreto: não existem leis, mas somente comportamentos legislados. O que a lei, afinal, tem a ver com o assunto? Em essência, nada. Basicamente, o fato é que se matar não é errado, mas está errado, e isso se explica assim: um macaco manda, o outro treme. A lei precisa comportar-se desse modo, pois que general permitiria que seu exército se matasse antes da guerra? Aquele que não tem o poder de sê-lo, visto que é impossível um general sem exército. A lógica da moral contra o suicídio, do ponto de vista legal, consiste no fato de que os líderes o proíbem para poderem continuar no controle, como sempre foi, visto que, mesmo depilados, permanecemos uma macacada hierárquica. Não se trata de bem-estar social. Toda vez em que alguém enche a boca para falar do grande bem-estar comum está escondendo alguma outra mentira igualmente grandiosa, seja em nível pessoal ou nacional. Ninguém acredita nessas asneiras, muito menos aqueles que as defendem publicamente. Assim como os padres estão muito mais próximos do ateísmo que os fiéis, os legisladores e os advogados acreditam muito menos nas leis que os cidadãos comuns. Em si mesma, a morte não é moralmente condenável apenas por ser biologicamente inevitável. Se morrer fosse uma opção, não uma necessidade, a morte natural também seria proibida. Morrer ou se matar, apesar de corresponderem à mesma realidade objetiva, são coisas distintas subjetivamente, ao menos aos espectadores, do ponto de vista moral. Para o defunto isso não faz diferença alguma, pois já está bem longe da questão, com seu *niirvana* garantido para todo o sempre. Seja como for, devemos ser gratos pelo fato de não poderem nos punir depois de mortos. Contudo, se pudessem providenciar um mandado de prisão metafísico, puxariam os pés do suicida que ascendia aos céus, trazendo-o de volta ao mundo apenas para trancá-lo numa cela, evitando que o crime ficasse impune. Quem duvida que nossa perversidade possa alcançar tamanha proporção, consulte livros sobre reencarnação, e verá que somos vingativos até espiritualmente.

O fato é que punições legais não provam nada, somente que os líderes têm interesse em que continuemos vivos. Mas por que os controlados, cotidianamente, anonimamente, seguramente, proíbem-se uns aos outros o suicídio? Porque são maus e egoístas, assim como seus líderes. Quando a morte do indivíduo não os prejudica diretamente, isso pode ser explicado pela mesma lógica que dá sentido às denúncias anônimas de roubo de chocolate em supermercados: inveja dos que são mais egoístas, mais livres, mais imorais que eles próprios, dos que teriam saído impunes senão por terem caído na mira de um cidadão ressentido. Em suas explicações, afirmam temer que essa anarquia possa um dia vir a prejudicá-los, eles, que são ordeiros e seguem todas as leis impecavelmente. Isso, entretanto, não é bondade de um cidadão de bem, e sim ressentimento de um macaco invejoso. Por sua denúncia quer ser tido como um herói do cotidiano, visando melhorias em sua imagem social. É fácil ver as razões disso: como são proibidos, mas não podem vingar-se da opressão de seus líderes, uma impotência que os corrói, a vingança se desvia para seus iguais gratuitamente, para os que não têm nada a ver com seus interesses particulares. Seu discurso é "punam todos os imorais, todos os criminosos de si mesmos, todos os monstros covardes que fazem o que não posso fazer, que realizam a paz que não posso ter". Não importa o que digam, no fundo não passam de dedos-duros e de estraga-prazeres. Na prática, podemos entendê-los como formigas orquestradas, dividindo a labuta de carregar folhas de civilização ao formigueiro: querem que todas compartilhem a mesma desgraça, pois nenhuma tem o direito de ser livre do sofrimento do qual são vítimas obrigatórias. Se houvesse três formigas carregando uma folha e uma delas a soltasse, aumentando o esforço das outras duas, estas encarnariam prontamente, cheias de rancor e inveja, aquilo que mais detestam, sua própria sujeição, e a oprimiriam até que se tornasse tão desgraçada quanto elas próprias, e continuasse a carregar a folha indefinidamente, rumo a uma morte natural. Essa é a outra face da moral contra o suicídio: uma miséria sórdida de escravos honestos e democráticos. As exceções estão no corredor da morte.

Digam o que disserem, o suicídio, assim como a morte em geral, não é um erro, mas um fato biológico. Mesmo que seja ilegal, ver o assunto sob essa ótica não o esclarece em nada. Encaremos, pois, a questão do seguinte modo: se o suicídio fosse errado em si mesmo, ao cortarmos os pulsos, o sangue, em vez de jorrar, nos daria uma lição de moral. Como isso não acontece, temos de admitir que matar-se é uma possibilidade perfeitamente tangível. Então, para iniciar nossas reflexões numa ótica mais sensata, comparemos as palavras de um suicida com as de quem tenta convencê-lo do contrário:

— Viver não vale a pena. Desde que nasci, a vida sempre foi uma série de desilusões. Nenhum sonho me tornou feliz, nenhuma conquista me satisfez. Teria dito *não* se me perguntassem se queria nascer e, no entanto, sem nenhuma permissão, fui jogado no turbilhão do mundo. Tudo o que faço desde então é correr em círculos, e percebi que sabedoria de vida nada mais é que um modo de evitar calos e bolhas. Meu único consolo é que a vida tem um fim. Sem isso, já teria enlouquecido.

— Claro que vale, não seja louco. A vida é uma experiência maravilhosa que só teremos chance de aproveitar uma única vez. Claro que, depois disso, todos morreremos, mas não é certo deixá-la incompleta. Há tantos mistérios a serem desvendados, tantas experiências inesquecíveis a serem vividas, um mundo tão curioso e cheio de possibilidades, como pode abrir mão disso tudo? Naturalmente que há dificuldades, mas devemos nos empenhar para superá-las. Nisso está o prazer de viver. A vida pode não ser só feita de flores, mas também não é puro sofrimento.

— Deixe-me tentar ilustrar exatamente a situação em que me encontro, talvez isso o ajude a compreender por que tais palavras são inúteis. Certas pessoas gostam de matemática, outras não; é o seu caso?

— Não, acho um assunto extremamente maçante.

— Pois bem, se a sua vida, em vez de ser prática, fosse feita somente de equações matemáticas, o que diria? Seu almoço, uma fórmula, seu amor, ou-tra. Faria sexo através de simulações numéricas. Seus amigos, todos, conjuntos de símbolos matemáticos. Seus sonhos, equações a serem desenvolvidas. O que diria de levar uma vida dessa espécie, na qual toda a existência de resume a números, e a luta, entre quatro paredes, é travada na lousa com um giz nas mãos?

— Preferiria a morte!

— Exatamente, e nem mesmo o maior matemático do mundo poderia convencê-lo do contrário. Você é o matemático, e eu o indivíduo com o giz nas mãos.

Isso ilustra suficientemente bem a questão. Se quisermos, será fácil encontrar argumentos contra o suicídio, mas nenhum deles se baseia na inteligência. Baseiam-se, todos, numa espécie de compaixão hipócrita, no carinho boçal de quem não tem nada a dizer, mas mesmo assim nos enche de conselhos inúteis. Ninguém sofre mais com a compaixão dos demais que o suicida. Descarregam nele todas as mentiras que contam a si próprios. Em tudo o que afirmam, nunca encontramos um motivo contra o suicídio que não esteja infectado de falácias óbvias e ridículas. Alguém que simplesmente emudecesse diante da questão seria muito mais digno de respeito e, talvez, ainda representasse uma última esperança na vida, já que ao menos demonstraria ter compreendido que abrir a boca significaria trair a verdade e insultar seu interlocutor.

Quanto mais se fala contra o suicídio, mais isso deixa óbvio como a maioria dos indivíduos se sente à vontade em mentir prolongadamente — imaginam que suas razões íntimas estão acima de qualquer suspeita. Nesse sentido, devemos escolher suportar as desgraças da vida com compostura ou partir logo à ação, pois nada é pior que ser vítima da compaixão gratuita dos louváveis filantropos que se dispõem a amar nossas vidas quando nós próprios já não conseguimos. Não há o que dizer, já que só perceberão a inutilidade daquilo que afirmam quando estiverem, eles próprios, na mesma situação, e se virem completamente incapazes de encontrar qualquer consolo nas sábias palavras que nos dirigiram.

Frente à óbvia falta de argumentos, a acusação final contra o suicida é de covardia, apesar de não ficar exatamente claro o que se quer dizer com isso. Onde há covardia quando alguém não quer mais dar continuidade a um esforço no qual não enxerga nenhum valor? Isso equivale a dizer que, se fôssemos comerciantes, deveríamos escolher morrer de fome em vez de declarar falência e abandonar o negócio. Tal acusação pode claramente ser interpretada como um *ad hominem* daqueles que não conseguem firmar uma posição baseados em uma argumentação lógica e consistente. Trata-se de um insulto, não de um argumento. Todavia, caso o indivíduo suicida esteja blefando, é muito comum que morda a isca. Assim, diante desse ataque, precisa provar que não é um covarde, e o único modo de fazê-lo é continuar vivo. Pessoas desse gênero não querem realmente morrer, embora o fato de continuarem vivas em função de motivos tão pífios também não nos leve a crer que suas vidas mereçam ser vividas. Em geral, isso acontece porque muitos pensam em suicídio apenas por não terem coragem para levar a vida que realmente desejam. Todavia, logo percebem que a morte não é o que procuram. Aquilo que buscam, na verdade, é uma solução para seus problemas. Nesse caso, o indivíduo, ao colocar o cano da arma em sua cabeça, abandonará imediatamente a ideia de suicídio. Sentirá com perfeita clareza como seus medos são pequenos diante de uma perspectiva tão radical como a morte, perceberá as inúmeras possibilidades que a vida como um todo lhe oferece. O vislumbre dessa liberdade será suficiente para sobrepujar os temores que o levaram a considerar o suicídio, que requer muito mais coragem do que possui. Talvez sua bravura repentina possa ser atribuída à liberação de adrenalina ante um perigo iminente, mas demonstra como seus motivos são facilmente contornáveis através da farmacologia moderna.

Como matar-se, em essência, é algo extremamente simples, não podemos realmente acreditar que tantos indivíduos falhem nessa empreitada por mera falta de inteligência. Uma tentativa de suicídio não é um fracasso, mas uma patetice. Se quisessem realmente morrer, tentariam de novo assim que abrissem os olhos, mas isso quase nunca acontece. Aqueles indivíduos que se sentam na beira de edifícios e põem-se a choramingar não são suicidas, mas idiotas buscando atenção. Tal teatrinho é o que se denomina tentativa de suicídio, que deveria ser denominado tentativa bem-sucedida de ridicularizar-se. O sinal característico dos suicidas autênticos não é uma revolta espalhafatosa, mas a discrição de um profundo desprezo pela vida: matam-se sem hesitação alguma, num piscar de olhos, sem deixar margem para que outro indivíduo possa impedi-lo. Não ficam fazendo hora, choramingando enquanto coçam a cabeça com o cano da arma. Quem está decidido a tirar sua própria vida não se detém diante de nada, não perde tempo com rituais ou bilhetes de despedida. Morrer torna-se um interesse pessoal. A decisão já foi tomada de uma vez por todas e, com a frieza calculada de um *serial killer*, procura apenas o modo mais conveniente de concretizar sua vontade sem que ninguém desconfie, como quem planeja suas férias secretas ao nada.

Suponhamos, por exemplo, que alguém querendo testá-lo ameace sua vida ou concorde em matá-lo. Isso será sentido como um favor tão grande que o deixará desconfiado. Afinal, quem se preocupa tanto com o bem-estar de outrem a ponto de matá-lo e, com isso, terminar seus dias numa prisão? Ora, o próprio indivíduo pode fazê-lo por si mesmo; isso não faz sentido. Excetuando-se os casos de eutanásia, os motivos em favor de um altruísmo pró-morte são ínfimos. Trata-se de um blefe. O caso é que, comparados às palavras, nossos atos relevam muito melhor aquilo que somos. Portanto, ameaçar alguém é um modo de testar o quanto leva a sério aquilo que afirma, o quanto está firme sobre suas próprias pernas naquilo que diz. No caso do suicida, o quanto ainda se agarra ou não à vida. Tudo isso é arquitetado para levantar argumentos que o ridicularizem. Seu medo será usado contra ele próprio na forma de um apelo à natureza que pode ser colocado nestes termos: *seu sistema endócrino ainda funciona, logo, deve permanecer vivo.* Outra falácia.

Os defensores da vida permanecem firmes em sua conclusão de que o suicídio é um erro. Porém, diante de posições tão firmes baseadas numa argumentação tão capenga, já deveríamos ter imaginado que a verdadeira questão nunca é trazida à tona, pois isso revelaria que a proibição não está baseada numa profunda compaixão pelo sofrimento alheio, nem numa crença no valor da vida, mas única e exclusivamente no egoísmo, na tentativa de preservar o próprio bem-estar. Na melhor hipótese, tenta-se aliviar a aflição do suicida potencial porque sua morte faria com que sua dor se tornasse contagiosa, convertendo-se em um problema nosso, e não queremos isso. Mesmo que não tenhamos um pingo de afeto pelo defunto, teremos no mínimo de cumprir a tarefa ingrata de enterrá-lo com todas as cerimônias que se exigem nessa ocasião.

O fato é que ninguém está realmente preocupado com a vida de outrem, mas com as consequências da morte desse indivíduo às suas próprias vidas, ou seja, temos aqui a chave para compreender os motivos puramente egoístas envolvidos na questão, *i.e.* os verdadeiros motivos. Ninguém, por exemplo, se preocuparia caso alguém no outro lado do mundo pulasse de um penhasco. Há bilhões de pessoas sobre o planeta, e não temos tempo suficiente para nos tornarmos próximos senão de um punhado delas. Não causa nenhum espanto perceber que só nos revoltaríamos contra o suicídio desse restrito grupo de indivíduos que nos diz respeito pessoalmente. O motivo disso pode ser reduzido ao fato de que só nos importamos com as pessoas nas quais investimos alguma coisa. Todo o restante nos é perfeitamente indiferente. Caso contrário, passaríamos a existência toda agonizando em lamúrias e convulsões, visto que pessoas morrem a cada segundo em algum lugar do mundo.

Quando há uma morte, o prejuízo real é dos vivos. O morto não perdeu nada, mas simplesmente saiu do jogo, caindo na caçapa do esquecimento. Quem terá de viver com as consequências e as dores disso são aqueles que choram sobre seu caixão. Velórios, como se vê, não são realmente para os mortos. Nessa ótica, podemos compreender que a proibição do suicídio não passa de uma medida preventiva que visa assegurar os investimentos que os indivíduos fazem uns nos outros na vida em sociedade. Não se trata realmente de uma questão moral no sentido do valor da vida em si mesma, mas econômica, relativa ao valor da manutenção da sociedade — engrenagens que faltam, problemas que aparecem. Assim, ao afirmar o valor da vida, parece que estamos defendendo razões para se viver, mas estamos apenas reafirmando nossos próprios interesses pessoais sob a forma de princípios morais. Claro que, se tivermos família, amigos, eles sofrerão com nossa morte. Talvez, antes de nos matarmos, possamos até sentir uma espécie de remorso adiando. Uma vez mortos, é normal que aqueles que nos eram próximos se sintam culpados ou responsáveis. Entretanto, sentem-se realmente culpados não por terem ignorado nossos problemas e dores pessoais, mas por não nos terem impedido a tempo. Somente agora, porque estão sofrendo, culpam-se pela imprudência de não haverem protegido seu investimento. Nossa dor, nosso verdadeiro motivo para o suicídio, é algo que não lhes alcança a alma, algo que levaremos conosco para nossos túmulos. Nenhuma lágrima será derramada pela dor que consumia o suicida. Choram, todos, pelas explicações umbilicais que inventam em suas próprias cabeças, pelo que perderam em suas vidas, não pela vida perdida.

Isso deixa perfeitamente claro por que ninguém tem boas razões contra o suicídio: contra o suicídio há apenas os interesses pessoais daqueles que têm algo a perder. Como se vê, os verdadeiros motivos são tão mesquinhos que, se revelados, constituiriam, pelo contrário, um convite ao suicídio motivado pela repulsa. Na forma de um argumento, isso equivale a um apelo à piedade bastante cínico. Poderíamos colocá-lo do seguinte modo: *seu sofrimento não é e nunca será suficiente para justificar o suicídio porque eu sofreria com isso.* Muito comovente. Não deixa de ser irônico que, depois de tantos discursos inflamados sobre o valor da vida, da coragem, sobre a importância de suportarmos nosso próprio sofrimento, os verdadeiros covardes revelem-se aqueles que, com nossa morte, não suportariam o seu próprio. Portanto, por bondade, pela mesma compaixão que eles próprios não conseguem ter em relação à nossa dor, devemos permanecer vivos.

Compreendida a razão pela qual os indivíduos opõem-se ao suicídio, voltemo-nos à questão do ponto de vista pessoal para investigar os motivos em seu favor. Primeiramente, devemos entender que o suicídio não é uma solução para os problemas da vida, mas apenas o fim da própria vida, ou seja, uma carta de demissão entregue à existência. Se não gostamos da experiência de viver, podemos simplesmente abandoná-la, e não há nada de errado nisso. Todavia, devemos ter consciência de que essa não é uma escolha da qual teremos a oportunidade de nos arrepender durante nosso êxodo espiritual, mesmo porque, depois de mortos, dificilmente escolheríamos voltar à vida, ainda que tivéssemos escolha. Podemos supor que, tendo alcançado uma paz que nunca sonharam ser possível, quando questionados a esse respeito, os defuntos acenariam com a cabeça negativamente, como que dizendo *não, muito obrigado; nesse golpe não caio mais.*

A pergunta é simples: quero continuar vivo? As respostas são *sim* ou *não*, sem meios-termos, sem motivos, explicações ou condições. As pessoas podem ser chantageadas, mas a existência não tem ouvidos para nossas condições e birras. Ruminemos o assunto com calma, pelo tempo que julgarmos necessário para chegar a uma decisão clara. Porém, feita a escolha, partamos à ação. De uma vez por todas, escolhamos apenas viver ou apenas morrer. Não há nada mais patético que a chantagem covarde dos que flertam com a morte sempre que topam com uma dificuldade, esperando com isso que os demais a resolvam. Por outro lado, não há nada mais triste e miserável que a existência de quem está morto por dentro e não tem firmeza suficiente para assumir-se como tal dando fim à própria vida.

Em maior ou menor grau, todos temem a morte. Isso, em termos lógicos, não faz sentido algum, visto que depois de mortos não haverá nada, assim como não havia nada antes de havermos nascido. Muitos se perguntam para onde vamos depois de morrer, e a resposta é simples: provavelmente para o cemitério mais próximo. Nosso medo inventa coisas incoerentes como paraísos celestes, imortalidades hipotéticas e eternidades espirituais, pensando que a negação da morte resolveria alguma coisa. Porém, se fôssemos eternos, isso não mudaria nada. A vida continuaria sendo a mesma porcaria que sem-

63

pre foi, só que indefinidamente, até morrermos de tédio. Quem busca segurança através da ideia de eternidade espiritual não considera realmente as implicações dessa visão, só quer um pretexto para deixar o assunto de lado até que a outra vida comece. Claro que não querem morrer, mas isso pelo mesmo motivo que não querem ser multados ou presos. Veem a morte como uma espécie de interrupção inconveniente de suas atividades corriqueiras, que ficarão incompletas, como se morrer equivalesse a ser alvejado com um dardo de tranquilizante e depois teletransportado para o além. Nessa ótica, o processo de morrer toma o aspecto de uma burocracia existencial, pois acreditam que, depois disso, acordarão em outro mundo, só que sem nenhum de seus bens ou conhecidos. Assim, após prestar satisfações a Deus, terão de voltar ao mundo físico, enturmar-se novamente e encontrar outros empregos. A ansiedade que tal perspectiva revela assemelha-se à compulsão de um *workaholic* versão multividas. Seja como for, é difícil acreditar que alguém realmente gostaria de ser imortal, ao menos neste mundo em que estamos. Afirmam o contrário porque nunca pensaram no assunto com honestidade, como uma possibilidade real, mas apenas como uma fuga poética. Viver eternamente mais parece a definição de inferno. Se uma existência efêmera já é amarga, uma eterna seria aterradora. Em desespero, cortaríamos nossas cabeças repetidamente, somente para depois vê-las renascer *ad infinitum*. A vida não é boa o suficiente para que queiramos vê-la durar para sempre. A morte, em boa hora, certamente é algo desejável, e com isso concordam mesmo os que são contra o suicídio.

Aquilo que nos impede de morrer voluntariamente não são as leis, não é a moral, não é a nossa consideração pelos demais: é o instinto de sobrevivência. Enchemos nosso futuro de sonhos impossíveis para que esse pretexto nos mantenha vivos, escondendo o fato de que, embora a vida não valha a pena, somos covardes demais para nos matar. Inventamos mil desculpas para deixar o suicídio para amanhã: só o levaremos adiante depois que nossos sonhos impossíveis se realizarem por completo, detalhe por detalhe, na ordem imaginada; antes, nem pensar. Nós nos enganamos com muita criatividade, não desistimos da vida facilmente. É necessário um motivo extraordinário para que consigamos ver a morte como a opção mais desejável, e isso explica por que a maioria dos suicídios é cometida em períodos de crise. Por exemplo, um indivíduo passando por uma fase depressiva sente claramente que sua vida não merece ser levada adiante. Naquela situação, não vale, realmente. Entretanto, caso não esteja vivenciando sua primeira experiência de náusea existencial, terá consciência de que tal sensação é passageira, apesar da clara impressão de que não haverá fim para sua angústia. Mesmo nas crises depressivas seguintes, o sentimento contradiz a experiência passada: sempre parece que, desta vez, a dor nunca passará. Mas o indivíduo sabe que, na verdade, isso não tem relação alguma com o valor da vida. Não foi a existência que deixou de ter sentido, mas seu cérebro que provavelmente se encontra quimicamente desequilibrado, tanto que sua depressão pode ser curada rapidamente com remédios. Problemas com neurotransmissores são grandes motivos para o suicídio.

A dor neuroquímica, contudo, dói como qualquer outra. O que desespera nessa situação não é o sofrimento presente em si, mas a perspectiva esmagadora de uma vida inteira gratuitamente imersa nessa situação deplorável, como uma doença sem cura. A ideação suicida situa a morte como a única saída viável porque, naquela circunstância, realmente é o caso — ninguém escolheria viver se aquela fosse a única condição de existência. Porém, o fato é que, num dia, o mundo todo desabou. No outro, dançamos sobre os destroços, às vezes sequer encontramos vestígios desse incidente. Sabemos que o drama todo se desenrola dentro de nossas mentes, embora isso não o torne menos real ou indigno de consideração, pois, no fim, tudo ocorre em nossas mentes — onde mais haveria de ocorrer? Mesmo que nosso sofrimento seja proveniente da situação em que nos encontramos, o que nos faz sofrer são as repercussões disso em nossas mentes, o modo como interpretamos esses fatores externos. Não importa que o sofrimento venha de condições adversas interiores ou exteriores, chega um ponto em que as dores da vida simplesmente suplantam os terrores da morte, e nenhuma palavra nos convencerá de que toda a aflição que sentimos é uma ilusão. Seja qual for o argumento que empreguemos para alegar que o sofrimento é ilusório, tal abordagem reduzirá, com ainda mais razão, também a felicidade e todo o restante à mesma existência fantasmagórica, na qual a vida é uma dolorosa fantasia. Ainda mais ridículo que negar a realidade da vida é supor que sua existência seja condicional: torna-se real quando estamos contentes e imaginária quando estamos tristes. Não faz sentido negar o valor de apenas um lado da questão e imaginar que isso equilibrará os pratos da balança de nossa satisfação frente ao mundo. É indiferente se consideramos a vida um teatro imaginário ou real, é nele que existimos, sem qualquer garantia de que estaremos fazendo a melhor escolha ao continuar vivos.

Se, por um lado, nossa possibilidade de satisfação é bastante remota, o sofrimento, por outro, pode ser tido como virtualmente certo. Com sorte, tudo o que podemos esperar são curtos períodos de satisfação intercalados por longos períodos de tédio e sofrimento. Se queremos satisfação, a vida é uma aposta irracional, e continuar vivo apostando que um dia seremos plenamente felizes equivale a depositar irracionalmente nossas esperanças num acaso tão incerto e improvável que nunca ocorreu. Se fôssemos jogadores sensatos, em vez de apostar na vida e na felicidade, que são exceções, acharíamos muito mais razoável apostar na dor e na morte, que são a regra. É isso o que faz mais sentido, pois é certo que, no fim, todos morrerão e, nesse ínterim, todos sofrerão. Se morremos pelas nossas próprias mãos ou pelas mãos do acaso, tanto faz. Permanecer vivo apenas garante que continuaremos respirando, não que nos tornaremos felizes. A situação, eventualmente, poderá tornar-se melhor ou pior, mas isso é algo que temos de pagar para ver.

Com ou sem dores, a vida é uma questão pessoal, não pública. Sabendo que, nesse particular, ninguém terá de prestar satisfações a outrem, temos aqui a consciência de nossa plena liberdade de resolver o assunto por nós mesmos. Podemos decidir se, em nosso ponto de vista, que é exclusivamente nosso, a vida merece ser vivida ou não. Pouco importa a posição dos demais quanto a isso, pois seria uma petulância da parte deles, e uma estupidez da nossa, supor que tenham o direito de opinar nesse assunto. Somos nós os únicos dentro de nossa pele. Na vida em sociedade, podemos dever satisfações em vários assuntos, mas esse não é um deles. Como apenas nós sabemos em primeira mão o que nossa vida significa, é somente nossa a responsabilidade de decidir quanta dor estamos dispostos a suportar até o ponto em que dizemos *basta*. Trata-se de uma decisão íntima e pessoal. Sabemos por que queremos morrer e também o que ainda nos prende à vida, e as únicas pessoas que se importam com isso somos nós próprios. Ninguém mais está em condições de fazer essa escolha em nosso lugar. O problema é nosso, solitariamente nosso, e devemos resolvê-lo sozinhos. Colocar tal escolha nas mãos de outrem equivale a colocar um bisturi nas mãos de um açougueiro que, além de incompetente, ainda tem interesse em que continuemos vivos — não há como esperar que a cirurgia seja imparcialmente bem-sucedida. O resultado, seja qual for, será grosseiro perto do que poderíamos realizar com nossas próprias mãos.

Mesmo do ponto de vista pessoal, a questão do suicídio não está relacionada ao sentido ou ao valor da vida: sabemos que ela não tem nenhum dos dois. Viver é um grande esforço que não paga o investimento, nunca pagará. Por mais que sorriamos, aquilo que recebemos nunca será suficiente para nos indenizar. Sendo a vida uma iniciativa privada sem fins lucrativos, a questão é apenas quanto prejuízo estamos dispostos a tolerar antes de desistir. Não há por que sofrer gratuitamente, não existe nenhum mérito nisso. Contudo, como podemos escolher a morte, quando continuamos vivos, perdemos o direito de levantar a voz com o discurso da injustiça. Pois, mesmo sabendo que as chances estavam contra nós, foi apenas nossa a escolha de nos submetermos a essa espécie de existência e levá-la adiante. Os fatos estão diante de nós, as condições estão dadas. Sabemos o que a vida quer de nós. Se assinamos seu contrato, comprometemo-nos a suportá-la sem abrir a boca. Não podemos alegar ignorância; já é uma grande coisa que tenhamos escolha, coisa que nenhum outro animal tem.

Em certas circunstâncias, nossas vidas parecem valer a pena. Em outras circunstâncias, não. Isso depende da pena. Enquanto, no geral, acharmos que vale, continuemos. Desde que nossas condições de vida não sejam algo deplorável, viver não é uma vergonha, só uma irracionalidade curiosa. Contudo, quando o desgosto pela vida toma tamanha proporção que nada desperta nosso interesse, quando cada passo é uma dor e cada fôlego é uma angústia, e tudo o que queremos honestamente é a bênção de dormir e nunca mais acordar, o suicídio pode muito bem ser aquilo que realmente desejamos.

Nessa situação, não queremos atenção dos demais, não queremos que sofram, não queremos destruir o mundo nem salvá-lo, tampouco a publicação de algum bilhete suicida. Não queremos sequer ver nosso próprio velório. Não damos as costas à vida esperando que ela nos peça desculpas. Queremos que suma de nossa vista para todo o sempre. Apenas gostaríamos de desaparecer como se a vida fosse algo que nunca houvesse acontecido, como o cansaço de quem, depois de anos de insônia, finalmente descobre que pode dormir.

Portanto, se gostamos de viver, problema nosso; se não gostamos, *idem*. Não podemos compartilhar nossa alegria nem nossa dor. Deixemos os demais viverem ou morrerem em paz. Não precisamos atormentá-los por uma opinião que é apenas nossa. Se quisermos viver, vivamos; se quisermos morrer, morramos. Isso não tem relação alguma com aqueles que nos rodeiam. Muitos dizem que não têm coragem de cometer suicídio por amor aos demais; isso é perfeitamente ridículo. Ora, somos egoístas durante a vida toda, mas, magicamente, diante da morte, convertemo-nos em ícones da filantropia? Se não temos coragem para nos matarmos, tudo bem, mas ao menos conservemos a dignidade e saibamos admitir que isso é somente, e tão somente, covardia. Acrescentemos ainda que, contrariamente ao que se pensa, matar-se não é uma crueldade para com os demais, pois, ao morrer, não infligimos dor alguma, apenas deixamos de satisfazer as necessidades daqueles que dependem de nós, dos que se apoiam em nossas vidas. Faremos falta apenas nesse sentido. Aos demais, somos importantes por fora, como postes, não por dentro, como seres humanos. Ninguém se importa com nada além de seus próprios umbigos. Se o nosso pede a morte, demos a ele o que quer: é o melhor que podemos fazer por nós mesmos.

Analisemos mais um aspecto dessa questão antes de prosseguirmos ao próximo tópico. Sempre pensamos que o sofrimento de nossos familiares é um bom motivo para desconsiderarmos o suicídio. Contudo, nunca damos atenção ao martírio que os familiares impõem ao suicida ao fazê-lo permanecer vivo em função de chantagens emocionais que não dizem absolutamente nada. Se a compaixão há de ser louvada, então por que não nos apiedamos daquele que sofre imensamente por estar vivo — e colocamos isso em prática, deixando-o partir? Aquele que sofre por estar vivo, e que deseja pôr um fim a esse tormento inútil, deve ser visto como acometido por um infortúnio tão desgraçado quanto seus familiares, ao perdê-lo. Desse modo, se o indivíduo sente o viver como algo ruim, como uma maldição, precisará suportar uma imensa quantidade de dor para permanecer vivo, e isso não se justifica por piedade do sofrimento alheio, pois um dos dois haverá de sofrer pelo resto da vida — o suicida não-realizado ou seus familiares. Isso ilustra que permitir a morte de alguém que amamos pode ser um ato de profunda compaixão, embora não saibamos reconhecer a nobreza desse tipo de postura.

Admitamos, pois, que suicidas não estão delirando. Pelo contrário, ao morrer, provavelmente sabem muito melhor o que querem do que nós, ao permanecer vivos. Conscientes de sua condição, apenas declaram precocemente a falência inevitável de suas vidas, e talvez a verdade de suas alegações seja simplesmente algo do qual todos tenhamos de nos proteger para continuar vivos, já que viver pressupõe inúmeras mentiras, sendo uma delas a crença de que estar vivo é melhor que estar morto. Se concordássemos em ser ao menos razoáveis quanto à questão do suicídio, teríamos de deixá-los partir e, além disso, ficaríamos tentados a ir também, já que seus motivos também se aplicam a nós. Não há sentido em levar adiante uma tarefa na qual não se sente nenhum prazer, e é injusto e cruel exigir que as vítimas dessa frigidez existencial finjam que a vida é um orgasmo múltiplo até que alguma fatalidade natural as arrebate de modo socialmente aceitável para que isso não nos cause inconveniências emocionais.

Abordando a questão nessa perspectiva, conseguimos entender perfeitamente a ótica daquele que não deseja mais viver. Talvez seja difícil conceber tudo aquilo que sente, mas seus motivos são mais que evidentes. Somente um tolo não preferiria morrer se se visse forçado a levar uma vida que lhe parece absolutamente detestável, ainda mais quando a experiência já foi suficientemente clara em demonstrar que não há nenhuma perspectiva de melhora. Talvez agora se levante o último argumento, o mais poético, segundo o qual continuar lutando quando já não há mais possibilidade de vitória constitui o verdadeiro heroísmo em que a vida supera a si própria. Embora isso soe inspirador, não passa de outra asneira. Alguém com tal ideal de vida provavelmente se inspirou em Sísifo. Nessa ótica, como pequenos sísifos mortais e covardes, devemos ver o absurdo de sua condição não como uma maldição, mas como um exemplo a ser seguido: condenados por nós próprios, nossa maldição será acreditar que devemos permanecer vivos a qualquer custo. Ninguém, obviamente, consegue levar a sério essa retórica absurda, pois equivale a dizer que, se um cisco entrar em nossos olhos, ao escolher não removê-lo, aceitando uma dor pura e simplesmente gratuita, estaremos sendo heroicos.

Pois bem, tudo o que foi exposto acima não passa do mais elementar bom senso. Pudemos perceber que, mesmo simpatizando com a extinção voluntária, não há como demonstrar racionalmente que devemos nos matar, tampouco que devemos permanecer vivos. Tais assuntos não podem ser decididos pela razão, mas somente pelos interesses do indivíduo em particular. Isso porque não há motivos lógicos para se viver, tampouco para se morrer. Os mesmos adjetivos que nos fazem considerar o suicídio uma covardia — ou uma bravura — e a considerar a vida algo bom — ou algo lastimável — são igualmente irracionais; ou seja, não há sentido em discutir, pois a vida não é um problema a ser resolvido, só um fato a acontecer. Mesmo que insistamos em abordar o assunto racionalmente, o valor da vida é algo que só gira em torno de predeterminações genéticas, e a razão simplesmente não toca o assunto em qualquer sentido fundamental. O que nos move, na prática, são nossos instintos, nossas necessidades, não nosso pensamento filosófico. Somos geneticamente programados para ser assim, e isso é tudo. Aquilo que normalmente denominamos razões para se viver na verdade não são razões, mas instintos racionalizados; ou seja, no fundo, a única coisa que nos faz abraçar a vida são os instintos que herdamos de nossos antepassados; não defendemos a vida porque temos razões, mas porque temos sistema límbico. Claro que a racionalidade orienta nossas vidas, mas não é ela que determina nossas necessidades básicas. A razão só nos guia no processo de satisfazê-las, não no processo de estabelecê-las — pensemos na fome, por exemplo: ninguém precisa de razões para comer. A vontade de viver decorre do simples fato de que a sobrevivência é a mais básica de nossas necessidades, não do fato de que isso faça algum sentido.

O raciocínio seguinte ilustrará melhor a irracionalidade do assunto. Estamos conversando com alguém a respeito do sentido da vida, e ocorre-nos levantar a seguinte questão: *o que justifica sua vida?* Suponhamos que a resposta fosse esta: prazer. Mas quanto prazer? Suponhamos que a resposta fosse meio a meio: suportaria as dores da vida desde que sentisse prazer na mesma proporção. A situação está bastante clara. Agora pensemos o seguinte: se colocássemos numa balança todos os prazeres e todas as dores do indivíduo, demonstrando com perfeito rigor que sente muito mais dor que prazer e que, portanto, em seus próprios termos, viver não vale a pena, o indivíduo se mataria? Não. Ele simplesmente inventaria algum pretexto qualquer para continuar vivo. Naturalmente, o mesmo se aplicaria caso o indivíduo fosse alguém que, em vez de viver, quisesse morrer: nada do que disséssemos seria capaz de convencê-lo do contrário. Em suma, nenhum dos dois tem a razão ao seu lado, pois seus motivos são emocionais, e as razões que defendem surgiram apenas depois, subordinadas a isso.

Portanto, se a vida é governada pela irracionalidade, por que pensar que a razão poderia refutá-la ou respaldá-la? Ora, trata-se obviamente de uma questão biológica, não filosófica. Isso desloca a questão do valor da vida para o nível individual, conduzindo-nos ao seguinte problema: é impossível nos colocarmos na pele de outrem para julgar por ele o quanto vale sua vida. Se não podemos julgar o valor da vida alheia, por que poderíamos julgar o valor da morte alheia? Talvez sintamos que nossa vida vale pena, talvez sintamos que a vida do suicida vale a pena, mas tais sentimentos são apenas nossos, são privados; aquilo que sentimos é coisa incomunicável e impossível de compartilhar, significando que os motivos pelos quais vivemos só valem para nós. Mesmo assim, se pudéssemos comunicar tais sentimentos muito fielmente, isso somente ilustraria nossa imensa dificuldade de abandonar o ponto de vista de nosso próprio umbigo. As razões pelas quais acreditamos viver são apenas explicações inventadas *a posteriori* para sentimentos irracionais que experimentamos individualmente, e tais sentimentos não provam absolutamente nada quando o assunto extrapola nossas vidas pessoais. Não podemos esperar que o indivíduo que nos ouve passe a viver em função dessas razões derivadas de algo que apenas nós sentimos, mesmo porque nem nós próprios vivemos em função dessas razões pessoais que alardeamos como se refletissem alguma sabedoria de vida universal; tais razões não passam de um corolário ilegítimo de nossos instintos.

A conclusão é a seguinte: não vivemos porque temos razões para viver; temos razões para viver porque vivemos. Razões contra o suicídio são tão inúteis quanto razões em favor da vida e *vice versa*. Então, se a razão não está por detrás do assunto, o que está? Nosso cérebro; mais precisamente, sua porção emocional. O fato é que somos o que nosso cérebro diz que somos. Então, se ele diz que viver é bom, então é bom; se diz que viver é ruim, então é ruim. E o que determina nossa disposição frente à vida, nosso modo de sentir a realidade? Química cerebral. Uma configuração neuroquímica x nos faz amar a vida; outra, y, nos faz desprezá-la. Dentro disso, não importam nossas razões, pois o próprio valor da razão também se encontra subordinado à química cerebral. Assim, por exemplo, se pudéssemos espremer o cérebro de um indivíduo que ama a vida, despejando no cérebro do suicida potencial todas as substâncias que o fazem sentir a vida como algo maravilhoso, o indivíduo deprimido passaria imediatamente a pensar o mesmo que o indivíduo que ama a vida: apenas agora ele entenderia as razões do primeiro, e passaria a pensar — ou melhor, a sentir — que matar-se é um absurdo. O caso, entretanto, é que a recíproca também é verdadeira: se transpuséssemos a configuração neuroquímica do suicida potencial ao cérebro do não-suicida, até esse indivíduo, que ama a vida, passaria a detestá-la, e atravessaria os dias pensando em dar cabo a ela. Portanto, entendendo os fatos dessa forma, o desejo de morrer se revela tão verdadeiro quanto o desejo de viver, pois ambos são governados pela química. O suicida realmente quer morrer, assim como os não-suicidas realmente querem viver. Não há um "no fundo" por detrás disso tudo; por detrás há apenas química. É verdade que o desejo de morrer reflete apenas um estado neuroquímico; contudo, o desejo de viver reflete apenas outro, e não há como afirmar que um é mais real que o outro apenas por ser o nosso. Se a dor é passageira, tudo bem, mas a vida também é.

Ainda que pareçamos um pouco hostis à vida ao apresentar esse tipo de argumentação estranhamente fria, o fato é que não temos nada contra a vida, porém tampouco em favor — entenda-se que tudo o que fizemos foi refutar argumentos estúpidos que pretendem demonstrar o valor da vida com base em preconceitos e asneiras poéticas. Como indivíduos esclarecidos, se não aceitamos experiências pessoais, felicidades íntimas ou convicções profundas como argumentos em favor de extraterrestres verdes, intervenções divinas ou iluminações espirituais, também não deveríamos aceitar tais coisas como provas do valor da vida. Nessa situação, como não é possível defender qualquer lado legitimamente, somos forçados a emudecer diante da questão, pois tudo o que poderíamos defender seriam preconceitos pessoais decorrentes de nosso modo particular de sentir a realidade.

Perceba-se, agora, que com essa argumentação acabamos de refutar o valor objetivo a vida, e percebamos também que isso não muda nada. Excetuando-se teólogos, todos estão cientes da impossibilidade de se elaborar uma defesa impessoal do valor da vida, pois valores só existem pessoalmente. Isso significa que a vida, em si mesma, em nível objetivo, não vale nada, assim como uma pedra não vale nada. Pois bem, por que pensamos assim, mas não nos matamos? Porque sentimos que vale, e é isso o que realmente pesa na equação. O valor da vida é um instinto. Por isso pessoas saudáveis não se matam, mas pessoas deprimidas sim, e a razão que se lasque no assunto — ninguém justifica a vida ou comete suicídio em função de silogismos palermas. Desse modo, contrariamente ao que poderia parecer à primeira vista, o fato de a vida não ter um valor objetivo não é um motivo para o suicídio — do contrário a humanidade toda colocaria uma bala na cabeça. O que leva os indivíduos a cometer suicídio é apenas o sentimento de que a vida perdeu seu valor, pois valor de fato ela nunca teve.

A essa altura da argumentação, já deve estar claro que negar o valor objetivo da vida não é um apelo ao suicídio, mas um apelo à inteligência. Negamos o valor da vida não em defesa do suicídio, mas em defesa de uma ótica mais madura a respeito desses valores biológicos herdados — uma ótica que, ao não tomar parte em nenhum lado, talvez nos permita começar a entender a questão sob uma ótica mais esclarecida. Esperamos que esse objetivo tenha sido alcançado. Agora prossigamos à última questão a ser analisada neste ensaio.

Uma vez tenhamos nascido, sabemos que há duas opções: permanecer vivo ou morrer. Mas podemos escolher o suicídio serena e voluntariamente? A resposta é um estrondoso *não, não podemos*. Por quê? Pelo simples fato de que temos medo. Não um medo racional, nascido da inteligência, mas um medo visceral, nascido dos instintos. Sabemos que temos opções, mas não temos escolha: estar vivo pressupõe o valor da vida. Sentimo-nos encurralados não quando pensamos no suicídio racionalmente, mas quando tentamos praticá-lo. Ao apontar uma arma para nossas cabeças, a vida aponta uma arma para nossa razão. O problema é que os instintos são mais rápidos: sacam a arma e nos desarmam antes que possamos agir. Acabamos subjugados pelo medo.

Sabemos que, se nos matarmos, isso não nos causará dor alguma, não criará problema algum; ou seja, nós não temos medo da morte, temos medo da vida. Estranhamente, temos a sensação de que, se cometermos suicídio, seremos de algum modo castigados, como se a vida pudesse nos punir depois de mortos. A razão disso é estarmos presos à ótica da vida: tudo aquilo que a prejudica significa dor. Sentimo-nos, por exemplo, aterrorizados ao imaginar a dor de amputar nossos braços sem anestesia. Pela mesma razão, a ideia de extirpar nossas vidas é ainda mais aterradora: não passa, entretanto, de um erro de cálculo. Estamos, e com muita razão, condicionados a pensar que tudo o que prejudica a vida nos causará dor, mas erroneamente estendemos esse raciocínio também à morte, que é o único caso ao qual essa regra não se aplica. Pensar dessa forma nos dá a impressão de que morrer equivale a uma dor eterna, pois imaginamos como seria estar morto a partir da ótica daquilo que está vivo, ou seja, o suicídio nos aterroriza porque, intuitivamente, a morte nos parece a mais horripilante forma de estar vivo. Nessa perspectiva, fica claro que projetamos nossos valores biológicos para além de nós mesmos, como se, depois de cortar os pulsos, fôssemos sentir para sempre a dor de vê-los sangrar, e não apenas isso: também sentiríamos a angustiante experiência de apodrecer, passando o resto da eternidade entediados dentro de um caixão miserável. Isso tudo é absurdo, mais parece a ótica de um espírito com paralisia do sono, mas mesmo assim pensar na morte nos inquieta.

Por mais que estudemos, não nos permitimos uma ótica realmente esclarecida nesse assunto, e isso equivale a dizer que somos preconceituosos para com a morte, pois nós a julgamos a partir de uma ótica comprometida com a vida. É esse preconceito que nos impede de aceitar que é algo perfeitamente razoável tirar nossas próprias vidas voluntariamente. Por exemplo, ao pensar em alguém que cometeu suicídio, temos a impressão de que o defunto perdeu algo, mas não perdeu nada, pois as regras do jogo já não valem mais. O morto simplesmente saiu do jogo. O que isso significa? Significa que deixou de existir. O morto já não é o defunto; o morto não é a ideia que fazemos dele; aquela pessoa simplesmente não existe mais — evaporou-se no nada. Nessa situação, logicamente nossos valores pessoais já não se aplicam para julgar a questão, pois isso equivaleria a julgar a morte do ponto de vista da vida, como se o morto continuasse vivo dentro do caixão. Ora, devemos julgar o morto do ponto de vista da morte, e é perfeitamente possível fazê-lo. Normalmente pensamos o contrário, mas sabemos muito bem o que é a morte, pois, afinal, estivemos mortos por bilhões de anos. Estar morto é como nunca ter nascido, e essa ideia é muito confortante. Quem se lembra de haver sofrido enquanto estava morto? Ninguém, pois estar morto é não existir. Por isso a morte é tão atraente aos que sofrem: eles veem a morte como uma forma fácil e rápida de escapar do sofrimento, e estão perfeitamente corretos ao pensar assim, pois ela é. Morrer é a maneira mais segura de nunca mais sofrer, e não há consequências; nenhuma. Desse modo, ao entender o assunto com essa ótica de distanciamento — tentando contornar a parcialidade inata que temos em favor da vida —, somos levados à conclusão de que morrer não é um prejuízo, exatamente porque viver não é uma vantagem — só parece uma vantagem porque estamos presos à ótica da vida. Ao morrer não perdemos nada, assim como não ganhamos nada ao nascer; apenas retornamos ao negro de onde viemos.

Como se percebe, ser imparciais intelectualmente é fácil, porém não afetivamente: nossos instintos nos proíbem. O instinto de sobrevivência, nessa ótica, pode ser entendido como uma espécie de fobia, uma necrofobia inata. Trata-se de algo tão irracional e sem sentido quanto o medo de uma altura da qual sabemos que não podemos cair. Mesmo assim, sentimos medo, pois assim são as fobias: não fazem sentido, mas nos fazem tremer. O medo da morte, portanto, não faz mais sentido que o medo de insetos ou de falar em público. Sabemos, contudo, que argumentar racionalmente contra fobias não surte efeito algum, tampouco argumentar contra o medo da morte. Esse medo está entranhado em nossas profundezas mais abissais, e não se trata de um medo teórico, mas de um medo prático. Pensar na morte é fácil, difícil é morrer.

Nessa ótica, o único modo de tornar o suicídio possível consiste em perder, ou ao menos em contornar, nossa paixão pela vida, nosso horror à morte. Em que situação sentimos essa fobia natural mitigar-se? Durante fases depressivas. Indivíduos deprimidos cometem suicídio pelo simples fato de que, isentos de qualquer paixão pela vida, tornam-se livres para morrer, e é isso o que realmente querem e fazem. É absurdo dizer que suicidas não querem morrer, pois é óbvio que querem, do contrário não se matariam. Não se pode julgar o suicida a partir da ótica daquele que deseja viver ou *vice versa*. Se assim não for, poderemos alegar que todos os vivos são apenas covardes incapazes de puxar o gatilho, e que todos, no fundo, querem morrer, o que não é verdade, pois muitas pessoas realmente gostam de viver. Entretanto, há as que realmente não gostam, e estas se matam. É apenas por isso que indivíduos deprimidos cometem suicídio. Suas vidas não valem a pena, e eles não apenas sabem disso, como também fazem algo a respeito. Trata-se da mesma lógica dos que gostam de viver. Contudo, apenas os deprimidos podem escolher a morte porque apenas eles estão desapaixonados, ou seja, descomprometidos perante a vida, mas essa indiferença é algo bastante incompreensível aos que vivem apaixonados.

Durante fases depressivas abre-se uma janela de tempo em que nos vemos livres para escolher entre a vida e a morte. Em qualquer outra situação, nunca teríamos escolha, pois não podemos simplesmente escolher gostar ou não da vida. É apenas durante a depressão que a morte nos sorri. Indivíduos saudáveis, por sua vez, não cometem suicídio porque não têm essa liberdade, e é fácil explicar o porquê: gostam de viver, não porque suas vidas sejam necessariamente boas, mas porque as sentem como uma obrigação, como um interesse pessoal indiscutível. Para eles viver é necessário como respirar; morrer é impensável, ridículo, absurdo.

O que é saúde? Podemos definir algo como saudável se dispõe dos elementos necessários à manutenção da vida. Nesse sentido, a definição mais elementar de saúde psicológica seria esta: amar a vida e temer a morte, querer sobreviver acima de tudo, acima de qualquer dor ou circunstância. Noutras palavras, ser saudável é ter-se como um dogma, estar cegamente comprometido com a vida, ser um beato da biologia. Claro que, estando comprometidos com a vida, passamos a ver o suicídio como um absurdo, mas o fato é que essa ótica se sustenta na biologia, não na razão. Portanto, do ponto de vista da vida, querer morrer é estar doente, mas devemos ter em mente que sobrevivência é um instinto, não um argumento. Ademais, a tentativa de proscrever o suicídio alegando que se trata de um estado mental doentio não se sustenta porque não leva em consideração que mortos não precisam ser saudáveis.

Claro que, em situações normais, matar-se voluntariamente é algo tão impossível quanto tentar afogar-se mergulhando a cabeça num balde cheio d'água. Isso não funciona porque, quando a situação torna-se crítica, a porção autônoma de nossos cérebros assume o controle da situação. Assim, percebendo que a morte é iminente, os instintos intervêm e julgam por nós, fazendo-nos tirar a cabeça do balde, e não importa se concordamos ou não. Trata-se, obviamente, de um sequestro emocional, de um mecanismo de sobrevivência, não uma razão para permanecermos vivos. Nessa situação, vemo-nos diante de um impasse, pois a mesma dor que nos faz querer morrer é exatamente a ferramenta que nosso corpo emprega para nos proteger da morte. Mas e se realmente quisermos nos afogar? O único modo de fazê-lo consiste em tirar o poder das mãos dos instintos. Por exemplo, acorrentarmo-nos a um bloco de concreto e saltar num lago suficientemente profundo. Evidente que, antes de morrer, seremos atormentados pelo instinto de sobrevivência, mas isso não prova nada — trata-se somente de uma previsível sirene de emergência biológica. Ainda assim, é certo que não morreremos calmamente. Os instintos tomarão o controle, farão com que tentemos nos desfazer das correntes, mas nossa razão já antecipou essa reação, deixando os instintos de mãos atadas: a lucidez nos deu acesso à segunda opção, a morte voluntária.

Assim sendo, para podermos morrer basta estarmos deprimidos e lúcidos.

Isso porque, se estivermos saudáveis, coisa que idiota e comumente designamos como ser feliz, simplesmente preferiremos viver. Dadas as circunstâncias, ambas as posturas são sensatas. Numa situação a vida vale a pena; na outra, não. Não obstante, mesmo deprimidos e lúcidos, ainda teremos de contornar o medo da morte. Não o medo psicológico, mas o prático, autônomo. O melhor modo de driblar os instintos, como vimos, consiste em tirar a escolha de nossas mãos e nos matarmos indiretamente; ou seja, apontar às nossas cabeças uma arma que os instintos não sejam capazes de reconhecer até que seja tarde demais. Assim, em vez de nos matarmos diretamente, colocamo-nos numa situação que nos matará indireta mas necessariamente. Um exemplo. Estamos num quarto, e temos duas coisas: uma bomba-relógio e uma irresistível vontade de morrer. Se ligarmos essa bomba-relógio, o medo nos fará desligá-la antes que exploda, ou nos fará fugir do quarto. Uma solução para isso seria, digamos, tornar essa bomba-relógio impossível de ser desativada. Além disso, criamos um mecanismo que trancará a porta do quarto automaticamente assim que ligarmos a bomba. Assim não morreremos imediatamente, por nossas próprias mãos, mas também não poderemos evitá-lo. Como o instinto de sobrevivência é incapaz de perceber esse tipo de sutileza, não será ativado até que seja tarde demais. Nessa situação, a razão fez o papel que queríamos: tornar possível a morte voluntária. Já foi iniciada a contagem regressiva, e não importa o quanto nossos instintos gritem de desespero. A razão colocou a física em nosso favor, e sobre ela nenhum instinto tem influência. Isso demonstra que o suicídio pode ser algo simples, consequente e perfeitamente lógico. Sabendo que somos incapazes de nos desativar direta e voluntariamente, elaboramos uma maquinaria para desativar a nossa. Com isso alcançamos nosso objetivo, e está tudo muito bem.

Tais são as considerações que temos de fazer se realmente quisermos morrer. Nesse sentido, devemos nos preocupar em ser eficientes, não glamorosos; por outro lado, quem deseja viver só precisa continuar respirando: a morte virá naturalmente. Notemos também que, se quisermos morrer, não há necessidade de conquistar o direito de morrer nem nada do gênero. Morrer voluntariamente trata-se somente de tomar uma decisão prática, sabendo que nada nos impede. Se nos permitirmos ser impedidos nesse processo, burrice a nossa, pois isso equivale a relegar aos demais a tarefa de julgar o valor de nossas vidas. Perderemos a chance de morrer para lhes dar a chance de nos salvar exatamente daquilo que nos salvaria. Assim, se toparmos com o corpo inerte de alguém que teve o esclarecimento de tomar todos esses cuidados com o único fim de estar a caminho da tão sonhada inexistência, deixemo-lo morrer em paz. Pelo mesmo motivo que suicidas não têm o direito de matar os que gostam de viver, não temos o direito de interromper os suicidas somente por se encontrarem incapazes de defender-se de nossos preconceitos. Quem julga ter o direito de ressuscitar um suicida bem encaminhado ou de proibir que os demais tirem suas próprias vidas nada mais é que um palhaço intolerante, um fanático de si mesmo movido pelo mais deplorável egocentrismo, coisa que o torna tão odioso quanto religiosos que torturam quem não compartilha de sua fé.

Terminamos aqui as observações que temos a fazer sobre o assunto. Dificilmente há algo mais a ser dito que seja relevante à questão; mesmo porque os fatos envolvidos são bastante simples — complicados são nossos pretextos para ignorá-los. Seja como for, ao investigar o assunto racionalmente, nossa intenção foi apenas descobrir como as coisas funcionam. Não queremos incentivar o suicídio, pois isso não seria menos tolo que defender a obrigatoriedade da vida. Queremos somente demonstrar que matar-se é uma opção tão válida, legítima e respeitável quanto permanecer vivo. Ainda que não tenhamos a intenção de nos matar, é no mínimo esclarecedor perceber que não são razões, mas instintos aquilo que justifica a vida — que em favor da sobrevivência há apenas preconceitos biológicos estabelecidos evolutivamente. Se, guiados por tal compreensão, deixarmos de ver o suicídio como um tabu, como um erro, já será um grande avanço. Deixar de ver o suicídio como uma transgressão é apenas saber reconhecer que viver nunca foi uma obrigação, que *ser ou não ser* não passa de um grandioso *tanto faz* rodeado de pretextos inefáveis.

Como somos seres vivos, viver nos é dado, mas morrer não: precisamos aprender a morrer. Porém, o importante não é morrer, mas apenas que, se formos viver, que não seja por coação, por medo da morte, mas por vontade própria. Isso significa que refletir sobre a morte é refletir sobre a liberdade.

ANDRÉ CANCIAN

Saber morrer liberta o viver. Quem compreende que morrer não é algo ruim, compreende também que viver não é algo bom. Somente nessa situação desaparece em nós o medo da morte e, igualmente, o medo da vida. Quando morrer torna-se uma opção, viver também. E, seja qual for nossa escolha, sabemos que não precisamos nos explicar. Se ninguém precisa de razões para viver, por que precisaríamos de razões para morrer? Não precisamos de razões: para justificar o suicídio basta uma bala.

LOUCURA

A vida é um fenômeno delirante, um bocado de matéria que sofreu um surto psicótico envolvendo delírios e alucinações que a fizeram crer na própria perpetuação como o sentido paranoico de uma existência sem sentido. Criou esse mundo próprio e nele vive fechada. Imersos nessa psicose biológica, dificilmente percebemos que há uma realidade para além dos muros do hospício da vida. Cada espécie, dentro desse hospício genético, tem suas manias particulares, seu modo específico de delirar. Abelhas, por exemplo, estão orquestradas para delirar em colmeias, todas atravessadas por uma paranoia envolvendo pólen, mel e favos hexagonais. Um ser humano que se guiasse pelos mesmos valores seria considerado louco, mas acharíamos, por outro lado, louvável que uma abelha se comportasse como um homem. Pensamos que a humanidade, por ser racional, estabelece a normalidade; que as demais espécies, por serem irracionais, não devem ser consideradas. A racionalidade humana, entretanto, não prova coisa alguma. Pelo contrário, há inúmeros motivos para nos julgarmos a espécie mais excêntrica, mais insana, pois, dentro do sonho de viver, criamos ficções ainda mais descabeçadas para negar nossa natureza.

A loucura não está, como normalmente se pensa, ligada à irracionalidade, pois há como alguém ser perfeitamente louco e ainda assim continuar racional, assim como é possível ser uma pessoa normal sem ser racional. Um louco que inventa uma ficção elaborada sobre como os números se organizam em equações e o perseguem durante a noite pode explicar racional e coerentemente como isso ocorre, embora não ocorra. Um indivíduo normal, por outro lado, pode viver sem nunca considerar racionalmente aquilo que o move, pode viver sem justificativas, sem explicações, como um animal, usando sua razão apenas para calcular trocos. Isso ocorre porque a razão é apenas uma particularidade de nossa espécie, e mesmo ela está submetida à desrazão, ao *nonsense* da existência. Não há como sustentar uma postura segundo a qual

81

ações racionais são sãs e irracionais são loucas. Se tomássemos a racionalidade como critério, não conseguiríamos justificar nada do que fazemos. O mundo inteiro pareceria um manicômio irracional, e nós os internos que acreditam na razão.

Para ilustrar a irracionalidade de nossos costumes, podemos descrever nosso cotidiano. Dividimos, há muito tempo, o tempo em anos, meses, dias, horas, minutos e segundos. Depois inventamos ferramentas que medem sua passagem. Assim, obedecendo nossos próprios relógios, acordamos todos juntos pela manhã, pois a humanidade, por possuir olhos, pensa que a luz solar é importante. Pensamos que o dia começa quando o sol nasce, não quando acordamos e abrimos os olhos. No café da manhã abrimos embalagens, aquecemos e comemos seu conteúdo. Isso significa mastigar partes específicas de animais e vegetais específicos. Julgamos correto comer determinadas espécies, como bois e alfaces, e outras não, como homens e besouros. Depois envolvemos nossos corpos com um tipo de tecido adequado aos nossos empregos e compromissos. Parece óbvio que devemos trabalhar com os corpos envolvidos por panos. Andar nu seria um absurdo, embora sejamos os únicos animais que fazem isso. Aquilo que denominamos trabalho geralmente consiste em passar oito ou doze horas realizando uma mesma tarefa sob o comando de alguém que odiamos amavelmente. Por fim dormimos e repetimos, na manhã seguinte, todo esse ritual, exceto nos finais de semana, nos quais não trabalhamos por motivos que não sabemos explicar. É assim que conseguimos dinheiro para trocar por objetos de nosso desejo. Fazemos tais coisas sem nenhum motivo muito claro, e continuaremos a fazê-lo até que nos aposentemos ou morramos.

Como alguém poderia justificar isso tudo racionalmente? Não podemos. Apenas inventamos que as coisas devem ser assim. Outras sociedades inventaram que devem ser de outro modo, e todas estão erradas em suas crenças a respeito da racionalidade de seus costumes. Podemos explicar o que fazemos, mas não vivemos em função dessas explicações. Podemos criar explicações em função da vida, mas não podemos criar a vida em função de explicações. Primeiro surge a vida, e nossas explicações racionais surgem apenas depois, como algo subordinado à irracionalidade. Mas não apenas nossos costumes, a vida individual também é irracional. Para ilustrá-lo, imaginemos que um indivíduo que segue a rotina exposta a acima se visse tomado pela ideia de guiar-se apenas racionalmente em todo e qualquer assunto. Ele teve essa ideia sentado na cadeira de um restaurante, no horário de almoço. Vê o cardápio, está com fome, mas não encontra critérios racionais para escolher um prato ou outro, pois qualquer escolha dependeria apenas de seus gostos, não de sua razão. Então pensa em ir embora, mas também não consegue encontrar motivos para fazê-lo, exceto pelo desconforto de permanecer sentado por muito tempo, coisa que também seria um motivo irracional. Momentos depois chega um assaltante exigindo que entregue seu relógio, do contrário será morto. O indivíduo, entretanto, também não vê motivos racionais para viver ou não. Por mais obstinado que seja em sua meta de ser racional, cedo ou tarde o indivíduo acabará cedendo: *farei a minha vontade, e a razão que vá para o diabo!* Isso significa reconhecer a irracionalidade do viver. Portanto, se a racionalidade for o critério de sanidade, somos todos loucos, e nossa natureza é a loucura que nos mantém em movimento.

Não é, entretanto, a essa loucura essencial que nos referimos no dia a dia. Falamos dela no sentido em que uma pessoa pode ser tida como normal enquanto outra pode ser tida como louca. Porém, quando tentamos definir loucura, há uma relatividade, uma arbitrariedade imensa. A princípio, a única coisa que separa loucura e sanidade é o dicionário, mas vejamos o que pode ser feito para esclarecer a situação. Para saber se um objeto está em repouso ou em movimento, um físico perguntaria qual é o referencial, pois antes disso nada poderia ser dito. Temos de fazer o mesmo. Qual é o referencial de normalidade?

Dentro de um determinado grupo, os homens variam muito, mas comportam-se dentro de certos padrões e limites. Uma pessoa cujo comportamento varia bastante é apenas instável, não louca. Dentro do que ela comumente faz, e dentro das mudanças que ocorrem naquilo que faz, suas ações sempre estão circunscritas nesses padrões. Não são loucas porque estão cientes disso, não porque têm controle sobre tais mudanças. O mesmo vale para as pessoas estáveis, que apenas mudam menos. Como todos os indivíduos são diferentes, e como mudam ao longo do tempo, nossa noção de normalidade precisa ser baseada em probabilidades, no índice de ocorrência de certos comportamentos dentro de um todo. A normalidade passa a ser o nome que damos à irracionalidade predominante. Nessa abordagem, a maioria é tomada como o normal, o sadio, o correto, o exemplo, o referencial. Claro que uma pessoa totalmente normal não existe de fato, pois a normalidade é um modelo teórico estatístico. O que há são pessoas cujo padrão de comportamento se aproxima da média mais que outras. As que se afastam desse centro estatístico são, claro, as excêntricas.

Levantamos vários limites em torno dessa normalidade — as regras. Sabemos que, na vida em sociedade, não podemos alegar ignorância quanto às regras, pois com elas somos bombardeados tão logo nascemos. Aprendemos a engatinhar, a andar e a correr apenas para segui-las cada vez melhor. Como estamos biologicamente programados para absorver passivamente o conhecimento do meio que nos circunda, a consciência das regras simplesmente impregna nosso cérebro e nunca mais o abandona. Absorver esses padrões e conhecer os limites é inevitável, mas respeitá-los não: podemos trilhar caminhos diversos. Quando, pelo motivo que for, aquilo que fazemos extrapola esses padrões, ou seja, os tabus, as tradições e as leis, tornamo-nos estatisticamente anormais, e há vários critérios para classificar essas exceções. Dependendo do que foi transgredido, das consequências dessa transgressão, podemos ser classificados como rebeldes, criminosos, loucos ou simplesmente idiotas; dependendo da circunstância que nos leva à transgressão, ela pode ser considerada imoral ou amoral. Dentro disso, preocupamo-nos apenas em classificar e julgar as exceções que causam sofrimento, seja a nós ou aos demais. Assim, se essa anormalidade prejudicial for deliberada, consideramo-la imoral e a chamamos crime; se essa anormalidade ocorrer por nossa incapacidade de reconhecer as placas morais proibitivas, consideramo-la amoral e a chamamos psicose.

A loucura pode então ser vista como um modo específico de ser anormal. Aquilo que nos incomoda na loucura não é sua razão ou sua desrazão, mas sua imprevisibilidade e insubordinação. O comportamento do indivíduo louco, assim como o do criminoso, não fica necessariamente circunscrito dentro do que consideramos normal, mas os motivos do louco têm ainda o agravante de serem difíceis de intuir. Os motivos dos criminosos costumam ser óbvios. Então, quando estamos diante de alguém cujo comportamento não é apenas relativamente, mas completamente imprevisível, isso nos incomoda profundamente, pois já não sabemos o que esperar do indivíduo, não sabemos como lidar com ele. Supomos que um assaltante, em regra, quer nossa carteira, mas é difícil imaginar o que um louco quer de nós. Geralmente quer apenas atenção, mas é quase impossível deduzir quais são suas razões ou como receberá as nossas. Nessa interação, cada qual usa pesos e medidas distintos. Os padrões convencionais não se aplicam, e não gostamos disso. Vemos essa independência das convenções não como desprendimento ou liberdade, mas como caoticidade.

Sabemos que o comportamento dos indivíduos normais também é imprevisível, mas essa imprevisibilidade é prevista, fica situada dentro de certos limites preestabelecidos. Desnecessário dizer que, do ponto de vista físico, não somos livres para uma coisa ou outra. Tanto a obediência como a transgressão são determinísticas. Porém, aqui falamos de liberdade como um conceito moral e social. Referimo-nos ao fato de nossas ações ocorrerem imprevisivelmente dentro desse círculo de normalidade. Nossa liberdade social significa que, respeitados os limites, podemos fazer o que quisermos, ou seja, diz respeito à nossa capacidade de jogar dentro das regras. Essa liberdade repousa no conceito de responsabilidade moral: somos considerados livres para que possamos ser responsabilizados por nossas ações, para que possamos ser punidos por nossa imoralidade sem que as próprias punições possam ser tidas como imorais. Claro que, na prática, somos livres apenas por assim dizer, ou seja, livres para respeitar ou não as regras. A sociedade denomina cidadãos livres os que não precisam ser presos, os que estão cientes dos limites de sua liberdade, que são capazes de fiscalizar a si próprios, responsabilizando-se por exercer as restrições por conta própria, sem necessidade de grades. Em suma, a liberdade individual não passa de um nome pomposo para direito à banalidade — um modo de classificar os presos que não usam algemas por seu bom comportamento. Somos, enquanto indivíduos morais, escravos que podem escolher, digamos, a cor de suas correntes.

O fato de nossa liberdade ser apenas uma realidade poética é um fato lamentável, mas explica por que as ações morais são, ao mesmo tempo, previsíveis e imprevisíveis. São algo semelhantes ao comportamento dos elétrons. Tentemos exemplificar. Ao colocarmos um bocado deles dentro de um determinado espaço, como uma caixa de sapatos, sabemos onde poderão estar. Se levantarmos a tampa da caixa, saberemos onde estão, mas não podemos saber por que um deles está no ponto x e não no y. Não podemos saber onde estiveram nem onde estarão. Sabemos apenas que morais são os que não fogem da caixa. A lei limita-se a vigiar os arredores e a levantar a tampa da caixa ocasionalmente para verificar se tudo está ocorrendo conforme o previsto. O comportamento desses elétrons é previsível no sentido de que sempre ocorre dentro desse espaço, mas o modo como esse comportamento ocorre é imprevisível. Desde que não ultrapassem os limites impostos pelo papelão, o proceder dos elétrons não interessa à lei. Nessa ótica, a moral, como uma caixa abstrata, não nos guia individualmente, apenas nos limita coletivamente. Claro que a moral da liberdade social não faz muito sentido, pois foi inventada apenas para que a normalidade pudesse assegurar sua própria existência moralmente. Liberdade é uma ferramenta retórica da lei, fazendo parecer que os indivíduos morais são positivamente livres, donos de suas vidas, mas sabemos que não é o caso. Na verdade, o que denominamos lei nada mais é que uma moral sistematizada e imposta à força em favor da manutenção da normalidade. Isso deixa claro que nossa liberdade é puramente negativa. Somos escravos que seguem leis, mas têm algumas regalias; porém, se não as seguirmos, seremos escravos ainda mais miseráveis.

Como leis são valores morais oficiais, transgredi-las intencionalmente implica imoralidade — indivíduos livres que transgridem a lei são considerados criminosos. Então, desde que tenhamos consciência do que fazemos, todo crime é imoral, toda imoralidade é criminosa. Isso delimita o que são crimes. Assim, se interpretamos crimes como uma falta moral grave, o que teríamos quando falta a própria moral? Acaso. Quando um indivíduo louco comete um crime, consideramos sua transgressão como algo amoral, como um acidente. Ainda que implique sofrimento, não enxergamos culpa na amoralidade, pois nossa noção de culpa é a imoralidade. Não punimos loucos pelo mesmo motivo que não punimos animais. Loucos não entendem o que estão transgredindo, e é inútil tentar explicar — sanidade e loucura são universos distintos que não se comunicam. Percebamos então que doentes mentais não são considerados livres porque não são aptos à responsabilidade moral — interpretamos suas ações como uma fatalidade biológica resultante de um cérebro em pane. Seus corpos são como um automóvel que ultrapassa os limites e colide nas convenções porque o motorista perdeu o contato com os freios, porque estourou o pneu de sua sanidade. O indivíduo, nessa situação, não tem meios de controlar suas ações. Assim, mesmo que cause danos, não tem culpa porque não é livre. Pois bem, tendo em mente a ótica que esboçamos até aqui, temos três classificações possíveis. Um homem normal é livre e moral. Um homem anormal e livre é imoral. Um homem anormal e não-livre é amoral. É nesse sentido que, segundo a lei, a sanidade está ligada à imoralidade e à culpa e a loucura está ligada ao acaso e à amoralidade.

Na loucura, como explicamos, perde-se o contato com a realidade, com a noção de realidade moral. Quando um louco comete uma transgressão, não há imoralidade nisso, pois ele ignora a esfera moral de suas ações — encontra-se fisiologicamente incapaz de responder por seus atos. Sua loucura é uma doença que causa cegueira moral, impedindo-o de interpretar suas ações com os mesmos olhos da lei. Pelo fato de entendermos a loucura como uma doença, seria imoral que puníssemos o indivíduo pelos *bugs* de seu cérebro, assim como seria imoral que puníssemos alguém que matou um bebê porque, devido a uma cãibra, perdeu o equilíbrio e caiu sobre ele. Não há sentido em algemar os galhos de uma árvore que despencou amoralmente sobre nós, ainda que isso nos machuque muito. Ambos os casos são apenas acidentes, não crimes.

Esses são os critérios que usamos modernamente para definir a anormalidade chamada loucura, o transtorno mental que causa a perda de contato com a realidade. Médicos especializados em psiquiatria, neurologia e afins são os assistentes técnicos que estudam essas normalidades e anormalidades cerebrais. Enquanto cientistas, seu objetivo não é transformar os loucos em indivíduos úteis, aptos à gloriosa dinâmica de grupo empresarial, mas apenas

buscar entender a razão pela qual certos cérebros não controlam adequada-
mente os corpos em que estão, a razão pela qual processam tão diferentemente os mesmos estímulos. Entretanto, como precisam de um ganha-pão,
tais técnicos geralmente utilizam seu conhecimento científico para realizar
intervenções nesses cérebros anormais, embora isso seja uma questão moral.
Sabemos que ser louco não é errado em si mesmo. A loucura é apenas inconveniente à sociedade. A opinião dos normais, entretanto, é que devemos curá-
los — *i.e.* torná-los semelhantes a nós —, ainda que não haja nada de científico nisso, exceto na formulação dos remédios utilizados para torná-los ino-
fensivos como vegetais.

Pois bem, ao afirmar que um indivíduo psicótico perdeu o contato com a
realidade, é óbvio que não nos referimos à realidade objetiva. Primeiramente
porque é fisicamente impossível que isso ocorra — ninguém sai voando ao
enlouquecer. Depois, porque ninguém tem contato com essa realidade, ao
menos diretamente. O perder-o-contato que caracteriza os loucos diz respeito
à realidade social particular em que o indivíduo está inserido, ou seja, perde
o contato com o que se espera dele, com a ordem moral que foi instaurada
para reger a sociedade. Não consideramos psicóticos os que ignoram a ciência, mas os que ignoram as regras mais elementares da sociedade, mesmo estando nela. Os poucos que estão familiarizados com a objetividade em geral
são os filósofos, os cientistas, os estudiosos, ou seja, aqueles cujo conhecimento é capaz de transcender o relativismo moral e apontar apenas os fatos.
Enquanto estudiosos, seu conhecimento é amoral, mas eles não ignoram as
regras, apenas sabem discernir melhor os fatos. Os loucos, por outro lado, não
conseguem discernir nada de coisa alguma. Aquele que, durante um surto
psicótico, mata outro indivíduo, faz isso num mundo paralelo. Como uma
besta selvagem, tal indivíduo pode ser considerado perigoso, mas nunca imoral. Isso porque, se questionarmos esse indivíduo sobre suas razões para o
assassinato, veremos que suas explicações ignoram qualquer noção de culpa,
de moral, de transgressão: não vê necessariamente relação entre facadas, sangue, morte, culpa e prisão. Em sua cabeça pode haver mil explicações, mas
são todas alheias às normas sociais, pois o louco está num mundo à parte
criado por ele próprio, agindo de acordo com a realidade que inventou como

se fosse a única. O louco não sabe que os elefantes coloridos existem apenas em sua cabeça — eles realmente querem pegá-lo, o mundo inteiro está conspirando para esconder tal fato das autoridades. Por mais descabidas que sejam suas fantasias, nada do que dissermos será capaz de convencê-lo do contrário. Contudo, o verdadeiro problema não é que a realidade do louco seja melhor ou pior que a realidade social, que também é inventada, mas o fato de o louco estar convencido de que sua realidade não é uma invenção pessoal.

Para nossos fins, já explicamos a loucura suficientemente bem. Devemos entendê-la da seguinte forma: perdemos o contato com a realidade quando não conseguimos diferenciar o que todos veem daquilo que apenas nós vemos. A definição de loucura, como se percebe, só se torna possível depois que admitimos a existência de um contexto moral a partir do qual possamos situar o que é imoral ou amoral. Apenas assim conseguimos entender o que é aquilo com que o louco perde o contato ao enlouquecer. Antes disso o veríamos apenas como uma pessoa excêntrica e socialmente inapta que fala coisas sem sentido, comportando-se segundo padrões incompreensíveis. Conforme explicado, consideramos tais indivíduos um caso à parte porque, segundo nossas próprias regras, só podemos julgar moralmente aqueles que sabem o que é moral, que vivem num mundo racionalizado, sendo capazes de conceber causas e efeitos morais.

Vejamos agora o papel da razão na construção dessa realidade moral. O que havia antes de inventarmos a moral social? Somente a ética estrutural da vida, ou seja, egoísmo e brutalidade, maquiavelismo. Como a vida é movida pela competição, tínhamos apenas a lei do mais forte, uma guerra amoral. Na ótica da vida, quando dois animais guerreiam entre si, o moral é o que vence, o imoral é o que perde; certo é o que mata e errado é o que morre. Essa mecânica equivale à lei moral da natureza. Egoísmo e eficiência são o norte mais fundamental da vida. Então, no tocante à moral, isso é o que há de mais elementar e objetivo. Ainda assim, a vida em si mesma é essencialmente amoral, alheia à noção de culpa, de certo ou errado, pois o egoísmo foi só um efeito colateral moral da eficiência cega que move a vida.

A humanidade passou muito tempo nesse esquema, mas hoje nosso esquema é a civilização. Tornamo-nos civilizados quando, em vez de nos submetermos apenas à natureza, submetemo-nos também à autoridade da moral social. A partir de então, em vez de competir no estilo vale-tudo usando clavas e violência bruta, passamos a disputar educadamente usando empregos, gravatas e dinheiro. A sociedade, assim como a natureza, tem regras próprias, mas as da sociedade, para nossa vergonha, foram inventadas por nós mesmos. Não abandonamos, entretanto, as regras ancestrais, apenas nos sofisticamos em sua expressão velada. Podemos estar certos de que, retirados das sociedades, sairíamos da barbárie implícita chamada civilidade e voltaríamos rapidamente à natural barbárie explícita.

Nessa perspectiva, a ordem social se estabelece por meio da submissão massificada a algum código de valores, sendo indiferente a natureza desses valores ou o modo como nos submetemos a eles. Isso pode ocorrer quando alguém se declara profeta, inventa dogmas e justifica suas fantasias pela autoridade da revelação. Outro pode declarar-se líder, esbravejar que seus gostos são leis e esquartejar os adversários para superar o relativismo. Costumamos ser poéticos nesses assuntos, mas a civilização não nasceu após os selvagens sentarem-se em torno de uma mesa e discutirem educadamente meios de fazer a barba e viver em paz, mas após um dos selvagens espancar os demais e deixar claro que isso se repetiria até que passassem a obedecê-lo. Apesar de atualmente simpatizarmos com ideais pacifistas, a história da humanidade sempre foi a história de uma sangrenta guerra pelo poder, pelo direito de estabelecer a lei. Nesse sentido, a paz é o silêncio resultante dessa vitória, o reconhecimento público da superioridade não dos valores, mas da força do vencedor.

Portanto, mesmo que uma sociedade seja internamente estável, não há garantias. Sempre existirão os que desejam conquistá-la e impor seus próprios valores, coisa que invariavelmente envolve crueldade. Devemos entender que as sociedades são morais apenas por dentro. Porém, por fora, são amorais como animais selvagens. Sociedades não se submetem a moral alguma. Os valores que as norteiam internamente não valem do lado de fora. O fora é uma terra sem leis, e nada impede que uma sociedade se intrometa nos assuntos das demais. Assim, desde que tenha poder suficiente, e nada melhor para fazer, uma sociedade pode proceder como bem entender em relação às demais, e não há nada de errado nisso, pois a moral não se aplica às guerras que ocorrem na terra-de-ninguém chamada *os outros*. Terminada a guerra, o vencedor declara que sua ordem moral haverá de reinar sobre os destroços. Descobrimos qual lado estava certo somente depois que o Mapa-múndi político é redesenhado.

Claro que, quando um conquistador, por meio da força, destrói uma ordem social e a substitui pela sua, de início é considerado mau e criminoso. Porém, uma vez seu poder tenha se estabelecido como uma tradição, seus valores tornam-se regra e passam a ser considerados bons. Isso acontece porque nosso referencial para emitir julgamentos morais não é a razão, não é a justiça, mas a autoridade dos valores vigentes. Os que antes eram os bons, por terem perdido a luta, passam a ser os maus, os errados, os marginais. Mesmo assim, é comum que os perdedores continuem chamando-se os bons e os justos, guardiães da verdadeira moral, mas isso não passa de nostalgia, de saudade dos anos em que seus valores tinham autoridade.

Nesse processo, seja qual for a guerra, seja qual for o inimigo, não há dúvida de que os valores que, ao fim, serão estabelecidos são todos arbitrários, dependendo exclusivamente dos caprichos do vencedor. Essa é a razão pela qual os valores particulares das sociedades atuais têm muito mais relação com os povos pelos quais foram dominadas ao longo do tempo que com qualquer outra coisa. Mesmo que adoremos emitir juízos morais pomposos, a razão nada tem a dizer sobre quais valores reinarão soberanos. O resultado final dependerá apenas de qual exército possui mais força ou de qual líder possui melhor estratégia. Gostemos ou não, guerra é guerra. Quando não há autoridades, não há direito moral, apenas direito do mais forte. Nessa situação anárquica, não importa com que meios estabeleçamos a moral, não importa o conteúdo dessa moral — importa apenas que tenhamos meios de fazer com que os demais a reconheçam e a sigam, voluntariamente ou não. Basta consultar qualquer livro de história geral para constatar que a ordem social não nasce de nossa natureza simpática e de nossa diplomacia inata, mas da resignação ante o poder vigente, sendo nossa moralidade a medida de nossa submissão à autoridade. Se, por exemplo, a Alemanha houvesse vencido a Guerra

Mundial, e se houvesse conquistado o mundo todo, hoje existiriam apenas nazistas sobre a terra, e não haveria nada de errado nisso. Eles passariam a ser os bons e os justos, absolutamente convictos de que exterminar os últimos judeus escondidos pelos cantos do planeta é a obrigação de todo cidadão de bem — e nós concordaríamos com isso, pois seríamos um deles.

A moral só se enraíza depois que estamos solidamente conquistados. Somente então, através da racionalização daquilo que nos foi imposto, definimos e sistematizamos detalhadamente o certo e o errado, e chamamos isso de lei. Feito isso, nossa razão toma a lei como referencial para julgar as ações. Portanto, enquanto não ficar coletivamente estabelecida uma relação de submissão, a razão não pode se manifestar, não pode julgar, visto que não existem valores morais *a priori*. Nossa razão só se torna apta a emitir juízos na medida em que for também uma razão submissa e moralizada, que toma sua força emprestada não da lógica, mas do poder das convenções oficiais. Desse modo, até que alguém estabeleça, até que alguém imponha uma ordem social, haverá apenas selvageria amoral. Isso significa que, se não houvesse civilização, todos poderiam matar uns aos outros livremente, sem quaisquer consequências. Claro que o sangue escorreria do mesmo modo, a dor seria a mesma, mas não seríamos culpados de coisa alguma, pois o conceito de culpa sequer existiria. Havia, antes da culpa, apenas o conceito de paulada. Ainda assim, se hoje nossa sociedade é pacifista, isso não ocorre porque somos pacíficos, porque finalmente viramos irmãos e aprendemos a dar as mãos e a reconhecer a beleza das flores, mas porque punimos e matamos os que se opõem à paz, porque somos pacifistas violentos e perigosos. Nossa paz descansa sobre uma poça de sangue que aterroriza nossos adversários.

Parece paradoxal que as próprias leis morais sejam estabelecidas amoralmente por meio da força, mas assim funciona o mundo. A ordem social nasce amoralmente a partir da lei do mais forte. Claro que, depois disso, o emprego da força passa a ser considerado algo imoral, pois é a única coisa capaz de desestabilizar os valores vigentes. A moral do repúdio à violência, nessa ótica, apresenta-se como uma estratégia defensiva: a força proíbe o uso de força para permanecer soberana. O fato, entretanto, é que nossos desejos descontrolados só serão regulados pela moral enquanto não pudermos regular a moral por meio deles. Se o poder estiver em nossas mãos, aquilo que sair de nossas bocas será a lei. Poder ser algo completamente absurdo. Não importa. É a lei.

Sob essa ótica, percebemos que o crime nada tem a ver com maldade, com crueldade, com violência, e sim com desrespeito à lei. A bondade, por exemplo, pode ser ilegal se estivermos ajudando criminosos. Por outro lado, quando ameaçamos alguém com uma arma de fogo, não somos punidos por ameaçar a vítima, mas por transgredir a lei. O crime não é ameaçar, pois muitos profissionais da área de segurança fazem-no diariamente. Tentemos esclarecer um pouco melhor a mecânica desse assunto. Suponhamos que, durante um período de guerra, fôssemos convocados à luta. Porém, sendo pacifistas, recusamo-nos a tomar parte na batalha. Qual será o resultado? Seremos considerados criminosos por não matar. Isso deixa a questão perfeitamente clara. Ser criminoso sempre foi desrespeitar os costumes e as autoridades. Ser correto e justo sempre foi obedecê-los. Se quisermos um exemplo prático, lembremo-nos dos espartanos, cuja sociedade era norteada pelo militarismo. Para eles, lançar em penhascos bebês com deficiências físicas era um costume perfeitamente justificável, uma coisa boa, realmente boa, já que seu objetivo era possuir um exército decente, não ser virtuosos aos olhos de algum fantasma castrado. O fato de não procedermos dessa forma atualmente não nos torna melhores nem piores, pois não há uma verdadeira moralidade por detrás das coisas, não há na moral um sentido superior que um dia a filosofia haverá de encontrar, conduzindo-nos ao paraíso da boa convivência global. Nós também matamos, porém por outros motivos.

Mesmo que nos custe admitir, nossos julgamentos morais realmente nascem em função dessas mesquinharias, dessas lutas pelo poder. Quando inventamos que nossos valores estão por detrás do mundo, isso não passa de um pretexto para alegar que nossa autoridade moral está acima de tudo e de todos. O argumento é o seguinte: somos superiores porque em nosso favor temos um fantasma barbudo, e o nosso é melhor que o seu — a exata mentalidade de um torcedor de futebol. Ainda assim, como todos os povos tiveram essa mesma ideia, hoje há relatividade até nesse *por detrás* que, em teoria, deveria ser único. Sabemos que há muitas brigas entre o *por aqui* e o *por detrás*, tanto que costumamos julgar sensata a separação entre Igreja e Estado. Isso porque a lei e a religião sempre brigaram pela conquista do mesmo espaço, mas empregando estratégias distintas: a autoridade da lei vem da força do Estado e a da religião vem de Deus, isto é, da Igreja. Seja como for, se levar a sério o *por aqui* já é motivo de piada, o mesmo em relação ao *por detrás* seria um veneno: nos mataria de rir. Como já estamos cansados de saber, o além não passa de um pretexto, de uma cópia falsificada do aqui. Deixemo-lo às traças.

Os espartanos podem ter existido há muito tempo, mas hoje as coisas não são diferentes. Tudo está relacionado à lei. O assassinato de bebês defeituosos, em nossa sociedade, em vez de ser encorajado, é punido, pois representa um desrespeito para com a moral vigente, embora alguns povos, por motivos distintos, ainda pratiquem o infanticídio moralmente. Mesmo que alguns *hippies* modernos digam o contrário, é óbvio que o assassinato não é errado em si mesmo. Para nos convencermos disso, basta observar que policiais matam diariamente. Isso não os torna imorais, maus ou errados aos olhos da sociedade, pois essa exceção está prevista em lei. Como qualquer povo, permitimos o assassinato quando há motivos suficientemente bons, e para espartanos ter um exército poderoso era um motivo suficientemente bom para assassinar bebês. Claro que vemos nosso próprio caso como uma exceção, mas isso apenas porque somos imbecis: *policiais não matam, protegem os inocentes!* Pensar assim nos conforta, mas não muda os fatos. Policiais estouram os miolos dos criminosos para que eles não estourem os nossos — e nós os pagamos para que matem por nós.

Tais fatos nos enchem de perplexidade. Percebemos como são débeis nossas razões morais, mas não há em que se agarrar. No fundo, não há fundo algum: tudo não passa de um raciocínio circular respaldado pela tradição. A verdadeira força está no fato de que defendemos tais raciocínios com armas de fogo. Não somos justos porque acreditamos na justiça, mas porque os injustos são presos. Respeitamos a lei e os bons costumes não porque acreditamos na moral, mas porque acreditamos na mira da polícia e na dificuldade de fugir de presídios.

Geralmente temos uma visão distorcida e limitada da relação entre poder e moral, porém, considerando que a moral nasce de nossa submissão, de nossa impotência, torna-se óbvia a razão pela qual o poder corrompe a moralidade. Os poderosos não são imorais, mas amorais, visto que todo poder é essencialmente amoral. Julgamo-los imorais porque temos inveja, porque podem fazer o que bem entenderem, inclusive o que nós, escravos da moral, não podemos. Desse modo, os poderosos, assim como os loucos, não estão transgredindo coisa alguma, pois estão à parte da moral do rebanho. Seu poder lhes confere imunidade, e assim podem dançar sobre as convenções e cruzar os limites da lei sem prestar satisfações a ninguém. Não reclamemos, entretanto: se pudéssemos, faríamos exatamente o mesmo.

Até aqui, analisamos a natureza da loucura e a natureza da moral social, e também o papel da razão dentro disso tudo. Ao unir ambas as coisas, a implicação mais interessante a ser observada é que isso destrói os conceitos de certo e de errado em nossas vidas particulares, e principalmente em nossa natureza. Não se trata de uma conclusão muito linear a partir dos fatos que analisamos, mas isso nos esclarece sobre um assunto que é relativamente difícil se der abordado sem esse contexto que acabamos de esboçar, então aproveitemos o ensejo.

Dentro do esquema social, construímos a noção de loucura como uma incapacidade de entrar em contato com a moral social, implicando que a loucura é amoral. Tentemos demonstrar que o mesmo se aplica à nossa natureza e à nossa individualidade. Por exemplo, depois de alfabetizados, adquirimos a capacidade de ler e de escrever, mas isso não faz com que tenhamos uma natureza gramatical. Similarmente, quando crescemos numa sociedade, adquirimos a capacidade de agir moralmente, mas isso não implica uma natureza moral. Não temos natureza moral, temos apenas natureza: a sociedade tem moral. Assim como não nascemos pré-programados para falar uma língua específica, não temos em nós valores morais inatos, apenas habilidades sociais genéricas que se adaptam ao contexto em que houvermos nascido. Se houvéssemos nascido na selva, seríamos selvagens. Porém, como nascemos em cidades, somos cidadãos.

A moral social, para os indivíduos, não é um meio nem um fim. Não é um acordo, não é uma escolha, mas uma imposição que vem de cima para baixo: sem meias-palavras, é a lei. Ela dá as cartas, representa o espaço dentro do qual se permite que as relações ocorram, dita como e quando podem ou devem acontecer. Temos, dentro desse espaço confinado estabelecido pela moral, indivíduos amorais interagindo moralmente, dançando conforme a música que toca em sua terra natal. A conclusão é a seguinte: como nosso único ponto de contato com a moral é exterior, não existe moral individual, assim como não há amizades solitárias. Nessa perspectiva, torna-se óbvio que não há sentido em julgar nossa natureza moralmente, assim como não faz sentido calcular quantos dólares valem uma personalidade. Um indivíduo não se torna monetário ao aprender a usar dinheiro. Ninguém se torna moralizado ao aprender a usar a moral. Ambas as coisas são apenas ferramentas sociais, convenções oficiais, não realidades íntimas e pessoais. O dinheiro serve para nortear as relações comerciais entre os indivíduos; a moral serve para nortear as relações sociais entre os indivíduos; isso é tudo. Devemos entender que a moral regula o que está fora de nós, nossos limites, o espaço vazio entre os indivíduos. Nós não vivemos essa moral, apenas a usamos, guiamo-nos em função dos limites que ela nos impõe. Mesmo porque, se a moral estivesse dentro de nós, o dinheiro também estaria.

A moral diz despeito não ao indivíduo, mas à realidade social que criamos como que sobreposta à nossa natureza biológica. Percebamos, portanto, que o certo e o errado estão relacionados à manutenção da vida em sociedade, aos limites que impomos a nós mesmos, não aos nossos caprichos pessoais — noutras palavras, a moral não diz respeito à vida individual em si mesma, mas somente à regulamentação das ações individuais quando inseridas num contexto social. Isso porque, quando tomamos apenas a individualidade como referência, não encontramos um ponto a partir do qual julgar nossas ações, classificá-las como certas ou erradas de dentro para fora ou de dentro para dentro. Isso equivaleria a criar outro sistema moral, e não temos autoridade para fazê-lo, apenas para sonhá-lo. Caso ainda tenhamos alguma dúvida, a observação seguinte bastará para distinguirmos melhor entre o social e o individual. Valores morais são convenções sociais. Pois bem, agora pensemos em nossos valores pessoais. São convenções socialmente estabelecidas? Não. Então não são morais absolutamente. Mas o que são valores pessoais? São valores amorais: só possuem valor para nós próprios.

Dentro dos sistemas morais, indivíduos são indivisíveis como moedas de um centavo. Ao cortar uma moeda ao meio, não encontraremos em seu interior algum tipo de valor íntimo, e o mesmo vale para os homens. Se quisermos provar que nossas individualidades são algo além de moedas anônimas de um sistema social, a única saída é virar a mesa é recorrer à violência, à revolução, coisa que obviamente somos proibidos de fazer. Assim sendo, valores que existem apenas individualmente não são os verdadeiros valores, mas as verdadeiras fantasias — são aquilo que estabeleceríamos se tivéssemos poder para tanto. Porém, se não temos, é uma patetice pensar que possamos estar certos por dentro e errados por fora ou *vice versa*. Moralmente, por fora valemos um centavo e por dentro não valemos nada. A moral só diz respeito ao fora — se nele não temos valor algum, tampouco no dentro.

Desse modo, sendo a moral um empreendimento essencialmente social, só podemos estar errados socialmente. Fomos nós que criamos sistemas sociais e, dentro deles, os conceitos de certo e de errado, e isso significa que tais conceitos nunca poderiam ser aplicados ao que está fora do sistema, tampouco às próprias engrenagens que o constituem. Nos sistemas morais os níveis de abrangência máximos e mínimos encontram-se muito claramente estabelecidos: a moral começa onde termina o indivíduo e termina onde começa guerra. Todo o mais não lhe diz respeito. Essa é a razão pela qual não se pode afirmar que a natureza humana, por exemplo, é um erro, pois não fomos nós que a criamos. Nossa natureza não é uma lei ou uma convenção, mas um fenômeno biológico, um fato amoral, algo ao qual o certo e o errado não se aplicam. Não podemos analisá-la moralmente e dizer que está errada pelo mesmo motivo que não podemos analisá-la matematicamente e dizer que vale 42. Podemos, por exemplo, estar errados perante a ciência ao ser criacionistas, perante a lei ao ser criminosos, mas nunca perante nós mesmos. Isso é tão impossível quanto encontrar erros de ortografia em nosso aparelho circulatório. A noção de erro moral só se aplica em seu devido contexto: a sociedade.

Não há, portanto, em si mesmo, um modo correto de se viver, um modo errado de se viver. Há apenas vidas amorais inseridas em diversos contextos morais. Seria ridículo, por exemplo, supor que uma sociedade de piratas acredita que, no fundo, a pilhagem é um ato criminoso: morreriam de fome se pensassem assim. Os próprios piratas provavelmente argumentariam o contrário, dizendo que a natureza estabeleceu o direito de saquear, e que no fundo todos o sabem, sendo apenas covardes demais para admiti-lo. No caso, ambos estão errados, pois tentam justificar racional e moralmente algo que é irracional e amoral. O fato é que não há ações erradas em si mesmas, somente ações que determinada sociedade proíbe, as mesmas que outra sociedade pode muito bem permitir, até louvar. Caso pensemos que isso não se aplica a nós porque talvez tenhamos atingido algum estágio especial de evolução moral, veremos a prova do contrário ao observar que a lei só pode julgar o previsto em lei, calando-se sobre todo o mais. Para ilustrá-lo, basta observar que, no começo do século passado, muitas das drogas que hoje são ilegais eram legais. Até então, tais drogas eram vistas simplesmente como substâncias químicas, sem qualquer conotação moral. Quem as usava não estava errado nem era punido, e esse tipo de consideração sequer passava pela cabeça dos usuários, assim como não pensamos em moralidade ao beber leite desnatado. Tempos depois tais substâncias tornaram-se proibidas. Por quê? Porque as declaramos como tais. Fizemo-lo por constatar os problemas que acarretaram à sociedade. Passamos, a partir de então, a punir e a considerar imorais aqueles que as usam. Isso demonstra claramente que as leis, que os conceitos de moral e de imoral, são inventados sob demanda, não sob inspiração de algum imperativo moral superior e universal que nos guia em direção à justiça. Valores morais refletem tão somente nossos interesses comuns na vida em sociedade.

Conclui-se que não é possível que algo seja moral ou imoral em si mesmo. Não é possível que algo esteja certo ou errado isoladamente, sem que haja um contexto pré-definido e exterior ao qual esse tipo de afirmação possa se referir. Não há, por exemplo, sentido em afirmar que foi um erro o fato de havermos sido colonizados por portugueses e não por ingleses, pois isso são fatos históricos, não algo subordinado a alguma lei moral de colonização intercontinental. No mais, não há sentido em afirmar que foi um erro havermos destruído a cultura indígena ou escravizado os negros. Se os índios, por outro lado, houvessem destruído a cultura europeia ou se os negros houvessem escravizado os brancos, também não haveria nada de errado nisso. Hoje ter escravos é errado, mas antes era natural. Se as coisas não houvessem mudado, poderíamos muito bem ter escravos morando em nossos jardins, ou ser escravos no jardim de alguém. O fato de havermos abolido a escravidão não foi uma evolução moral, mas uma mudança de práticas motivada por interesses econômicos. Com a abolição da escravidão não se objetivava liberdade e igualdade, mas mais dinheiro e poder. A liberdade foi apenas um efeito colateral que hoje gostamos de poetizar, provando apenas que continuamos tão cegos quanto sempre fomos.

Similarmente à história mundial, não há sentido em pinçar um ponto específico de nossa história pessoal e dizer que nela fizemos uma escolha errada. Fizemos apenas uma escolha, nada mais. Pode, talvez, ter sido uma escolha estúpida que nos prejudicou. Porém, se não prejudicou a sociedade, não se trata de um erro moral. Saber daquilo que nos prejudicou não diz respeito à moral, diz respeito à memória, ao nosso bem-estar, e serve apenas para que no futuro não repitamos essa mesma escolha. Erros morais só podem ocorrer socialmente. Pessoalmente há apenas escolhas, que devemos julgar nós mesmos, porém não em termos morais, mas em termos práticos, em função de sua utilidade. Não obstante, se ainda assim nos sentirmos motivados a inventar um contexto moral fantasioso para podermos nos julgar solitariamente como quem constrói uma sociedade de culpas miniaturizada, não há problema, mas isso não passará de perda de tempo com remorsos inúteis. A essência da questão é que não há escolhas certas ou erradas, morais ou imorais, mas apenas interpretações morais de escolhas amorais, e só faz sentido levar adiante esse tipo de julgamento quando é necessário regulamentar as relações entre os indivíduos. O resto é perda de tempo, pois a função da moral nunca foi nortear o mundo interior do eu-mesmo para que nossa consciência conviva pacificamente com as opiniões que temos sobre nós mesmos.

Talvez por influência dos poetas dados à metalinguagem, tornou-se comum pensar que estamos certos ao agir segundo nossa inspiração. Para poetas, dar vazão aos seus impulsos por vezes resulta em belos poemas, mas para a maioria dos indivíduos isso geralmente resulta apenas em formas estranhas e quase sempre ridículas de cometer suicídio. Impulsos irresistíveis são sentidos como algo correto e livre apenas porque são uma amoralidade imediata, um sequestro emocional. O arrebatamento significa que um impulso surgiu sem pedir autorização à consciência, manifestou-se incondicionalmente, sem passar pela burocracia de ser racionalizado e moralizado para exprimir-se de modo socialmente aceitável. Esses impulsos, entretanto, não são certos, apenas coercitivos. Impulsos artísticos viscerais são inebriantes, mas uma semana sem alimento fará o mesmo, tornando nossa fome igualmente dionisíaca e arrebatadora. O fato é que sentimentos pessoais não têm relação alguma com moral, com certo ou errado, mas apenas com nossa satisfação pessoal, e é muito fácil percebê-lo: se sentíssemos vontade de matar, isso tornaria o assassinato correto apenas porque o sentimos como tal? Claro que não. Felicidade não prova nada. Impulsos, sejam quais forem, são amorais, e permanecerão como tais até que sejam expressos num contexto que diga respeito à moral, que os torne passíveis de ser julgados por suas consequências sociais, não por suas implicações líricas. Por exemplo, podemos odiar o mundo e sentir vontade de destruí-lo. Se, por um lado, exprimirmos esse impulso artisticamente, ele continuará sendo amoral, já que poetas sempre morrem antes de ser reconhecidos. Se, por outro lado, o exprimirmos em meio à rua com uma metralhadora, ele passará a possuir um significado moral segundo o qual somos assassinos — e não seremos absolvidos ao explicar ao juiz que matamos porque estávamos inspirados e que foi belíssima a cena. Se, por fim, o exprimirmos com essa mesma metralhadora, porém em trincheiras, durante um período de guerra, seremos posteriormente condecorados por nossa bravura.

Do ponto de vista da tradição, beber cerveja em vez de chá pode parecer um erro para um inglês, mas parecerá certo para um alemão. Porém, se a tradição não servir de referencial, tudo o que podemos fazer é encolher os ombros e deixar que cada qual decida por si próprio o que deve ou não beber. Portanto, como não podemos nos tomar como referencial moral, acreditar que foi um erro havermos estudado física em vez de química é tão sem sentido quanto afirmar que foi um erro em si mesmo escrever um bilhete à mão em vez de digitá-lo. Afirmar que cometemos um erro ao abandonar certa pessoa ou ao trocá-la por outra é tão despropositado quanto afirmar que foi um erro havermos trocado de camiseta. O que nesses casos está em jogo são apenas interesses pessoais, e a moral está completamente fora da equação.

Os indivíduos depressivos são, sem dúvida, os campeões disparados nessa competição de julgamentos morais sem sentido envolvendo autopiedade. Poucas imbecilidades estão à altura da afirmação segundo a qual nossa própria vida é um erro em si mesmo e que, portanto, devemos nos matar. Tudo isso é moralidade circular. Pelo mesmo motivo que não julgamos moralmente o movimento descendente da água numa cachoeira, os fatos que não têm repercussões sociais devem ser analisados amoralmente, com a mesma ótica com que enxergamos a loucura, com a mesma ótica com que a ciência investiga os fenômenos naturais. Assim como não podemos fazer julgamentos amorais ou beber gelo, não podemos emitir juízos morais sobre nossa individualidade em si mesma. Não há um contexto que torne isso possível, já que moralizar algo nada mais é que medir sua adequação à sociedade, da qual, como explicamos, nossa individualidade não participa. Entendamos, de uma vez por todas, que ser um indivíduo moral é saber andar na linha, não possuir pensamentos puros e consciência tranquila. Se, entretanto, a distinção entre ambas as coisas ainda nos parece confusa, pensemos o seguinte: o que é certo ou errado? Não sabemos dizer. No decorrer de nossas vidas, temos de fazer muitas escolhas, e tudo nos parece muito confuso. Como saber quais delas são moralmente erradas? Simples: as erradas nos colocarão na cadeia. As demais escolhas simplesmente não importam, e é apenas por isso que podemos escolher.

Claro que temos opiniões e preferências pessoais, e é claro que, se pudéssemos, as imporíamos aos demais, isto é, as transformaríamos em regras morais, mas isso é algo que cumpre ao Estado, não ao indivíduo. Nossas opiniões e preferências pessoais não são valores morais. Poderão, é claro, tornar-se valores morais, mas apenas depois de externadas e reconhecidas como uma autoridade. Isso pode ser feito, por exemplo, apontando-se um revólver à cabeça de outrem: estabelece-se uma relação de submissão. O poder que o revólver nos confere faz com que nos tornemos a lei naquele contexto moral. Desnecessário dizer que, nessa situação, tudo o que afirmarmos estará certo e será obedecido, não porque estejamos com a razão, mas porque estamos com o revólver, e quem nos desobedecer será alvejado — a diferença é que o Estado faz isso com uma nação inteira. Apontar armas à cabeça dos demais talvez nos pareça um exemplo absurdo, mas apenas isso pode ser propriamente denominado moral individual, coisa que não tem relação alguma com sonhos de paz mundial. Se valores pessoais e morais se confundem, isso ocorre apenas porque nossos valores pessoais consistem em grande parte de convenções que interiorizamos.

Como vemos, moral é algo muito simples, e envolve apenas duas coisas: poder e submissão. Nada há de complicado na equação. O complicado está no fato de que nossos interesses em sociedade são substancialmente conflitantes, e a moral serve justamente para orquestrar essa guerra, regulamentá-la, mantendo os conflitos sob controle e tornando tolerável a vida em sociedade. Isso significa que, se estivermos desarmados, nosso dever, enquanto indivíduos morais, é apenas um: obedecer. Sabemos que cada qual tem seus motivos, suas explicações e suas vontades, mas todos têm a mesma moral, todos jogam dentro das mesmas regras para conseguir o que querem. Não é em função do valor que damos às coisas pessoalmente, mas função do valor que reconhecemos nelas a partir dessa moral compartilhada que emitimos juízos de valor. Tudo o que fazemos, enquanto indivíduos, é entender as leis e explorá-las, advogar pelos nossos interesses pessoais dentro dos sistemas morais da sociedade. Nunca criamos os valores. Contudo, se quisermos, podemos pensar o contrário. Podemos inventar teorias de razão pura segundo as quais roubar é moralmente correto, mas isso, sendo apenas uma invenção pessoal, não mudará nada. Mesmo que acreditemos estar com a razão, mesmo que justifiquemos nossas teorias com ensaios filosóficos e que os levemos em nossas maletas para demonstrar a racionalidade contundente de nossos furtos respaldados por uma lógica impecável, continuaremos socialmente errados. Podemos escrever uma pilha de tratados filosóficos: a lei os refuta com uma linha.

Inventar argumentos racionais segundo os quais estamos certos ao estar errados equivale à tentativa de comprar eletrodomésticos com um papel-moeda que não circula na sociedade. Proceder dessa forma é tão ridículo quanto imprimir uma fortuna em notas falsas e sair mundo afora gritando filosofias relativistas. Valores morais pessoais, assim como dinheiro pessoal, não valem nada. Estamos invertendo a ordem das coisas ao tentar estabelecer racionalmente um valor moral ou um juízo sobre algo estar certo ou errado. A razão, sozinha, é incapaz de fazê-lo, pois não é a razão, mas a autoridade que estabelece a moral, que instaura valores — e só a partir disso podemos elaborar juízos morais. Nosso direito de possuir opiniões morais decorre de nossa aceitação da moral coletiva, de nossa submissão à lei, a qual nos confere autoridade para julgar fatos particulares, mas apenas sob a sua ótica, não sob a nossa. Portanto, como não podemos viver racionalmente, como nossa natureza é amoral, como a moral é uma estrutura social externa a nós, devemos banir o conceito certo e errado da vida individual como algo que simplesmente não se aplica.

Ao longo dessa exposição, parece que conseguimos esclarecer relativamente bem alguns tópicos controversos relativos à moral e à sociedade. Contudo, normalmente não fazemos questão de distinguir as coisas tão claramente. Preferimos distorcer os fatos, preferimos ser vagos para deixar algumas cartas na manga. Quando a lei, por exemplo, está do nosso lado, estamos certos. Por outro lado, quando está contra nós, continuamos certos, e ela torna-se injusta. Sempre fomos, sempre seremos assim: todos idiotas. Logo de início, no processo de inventar a sociedade, aproveitamos o ensejo para reinventar o mundo todo segundo nossos caprichos. Enquanto a sensatez estava de férias, apressamo-nos em declarar que não apenas os homens, mas o mundo todo estava submetido às nossas razões. Passamos a acreditar no mundo como algo inerentemente moral, racional e justo: foi assim que a humanidade criou seu próprio hospício particular dentro do manicômio chamado vida. Ao racionalizar a vida, abrimos exceções infindáveis para proteger nossas ilusões, e é por isso que, mesmo sendo animais, no fundo não somos apenas animais, sabe-se lá como. Também por isso somos pacíficos, embora sejamos violentos. Introduzimos muitas mentiras confortantes na equação para resultarmos um grandioso erro de cálculo. Nossa estupidez tornou-se uma autoridade incontestável depois que moralizamos a indiferença do mundo para acreditar que ele nos obedece em segredo. Nossa lista de feitos imbecis se estende para além do horizonte.

Não estamos sendo metafóricos ao afirmar que sociedades humanas são fazendas de formigas bípedes e territoriais que matam umas às outras para poderem tornar-se morais e justas. O processo é simples: guerreamos, matamos, e então construímos a civilização sobre o sangue de nossos adversários. A humanidade nunca soube caminhar de outro modo. Que é a moral? Sangue depois de seco. O sangue torna-se tradição, torna-nos jumentos voluntários que acreditam em seus próprios carrascos. Queremos ser morais também por dentro para esconder de nós mesmos esse fato vergonhoso, para dourar nossa sujeição e transformá-la em virtude. Somos os bons e os justos: o arreio está instalado e sempre será negado.

Às vezes abrimos os olhos e fingimos surpresa ao nos vermos confrontados por nossas próprias mentiras, revoltando-nos por pisar nos pregos que nós mesmos espalhamos pelo chão, impossibilitados de nos desviarmos deles pelas limitações que impusemos a nós mesmos. Porém, burrice à parte, sejamos gratos ao fato de que não há, mas se houvesse uma justiça universal, estaríamos todos no corredor da morte. Às vezes até suspeitamos de nós mesmos, mas os verdadeiros culpados sempre nos serão um mistério insondável. Estamos à espera de uma revelação que culpe outrem.

ANONIMATO

O fato de que a existência não tem sentido, valor, significado é aceito sem muita dificuldade por indivíduos sensatos. Isso, naturalmente, também implica que nós não temos sentido, valor ou significado. Como o mundo não tem sentido, consideramo-nos também algo sem sentido. O mundo é vazio: logo, *eu* sou vazio. Mas o que é exatamente esse *eu* de que tanto falamos como se estivesse acima de qualquer suspeita? Num mundo no qual tudo é indistinto, por que ainda acreditamos num *eu* distintivo? Vejamos o que está por detrás dessa questão. O que nos leva a pensar que em nós haja algo que possamos chamar de *eu*? Um primeiro motivo é a nossa crença na autonomia, na liberdade individual, coisa que nos remete ao conceito de livre-arbítrio, ou seja, uma questão moral e metafísica. Um segundo motivo é nossa natureza enquanto máquinas biológicas, ou seja, uma questão real e histórica. Na prática, ambas as coisas misturam-se confusamente.

Comecemos pela questão do livre-arbítrio, que fica por detrás da maioria dos equívocos que há nesse assunto. Supondo-se que tenhamos livre-arbítrio, haveria escolha em tudo o que somos, pensamos e fazemos. Em tudo o que se faz decorrer de nossas vidas, poderíamos escolher. Deveríamos, portanto, também nos responsabilizar por tais escolhas. Nessa ótica, nosso destino seria construído pelas nossas decisões pessoais livres, feitas pelo *eu*, que é nossa verdadeira identidade. Nosso livre-arbítrio encontraria sua expressão dentro da realidade por meio desse *eu* autônomo que fica dentro de nós e que faz escolhas enquanto seguimos pela vida — uma entidade única, indivisível e intransferível, que permanece sempre a mesma, independentemente das mudanças físicas que ocorram em nós.

Contudo, sendo organismos físicos, parece óbvio que não temos livre-arbítrio. Nossa vontade não é livre pelo simples fato de que ela não pode interferir na regularidade do mundo físico. Isso é tão evidente que dispensa comentários. Discutir se há alguma parcela de livre-arbítrio em nossas escolhas equivale a discutir o sexo dos anjos e, dentro disso, se há alguma parcela deles que sofre de disfunção erétil, sendo que, de início, anjos não fazem sexo, anjos não possuem sexo e, por fim, também não existem. Devemos, pois, entender que o livre-arbítrio não é uma questão a ser resolvida, mas a ser abandonada. Livre-arbítrio é coisa de teólogos com suas teodiceias delirantes sobre como se pode ser bom ao ser mau.

Até aqui, sem problemas: livre-arbítrio é uma fantasia. Porém, mesmo não havendo livre-arbítrio, ainda resta algo que podemos denominar liberdade. Contudo, dentro de um universo material, só podemos conceber essa liberdade como algo puramente físico, como algo que deve ser entendido em termos de possibilidades, não de escolhas, de acaso e indeterminação, não de vontade. Assim sendo, não temos livre-arbítrio, mas temos liberdade. O que isso quer dizer? Quer dizer que somos máquinas que funcionam em função da programação que possuem, que nosso comportamento é determinado em função dos cálculos que nosso cérebro faz a partir dos dados que recebe da realidade. Fazer escolhas livres é uma noção metafísica, coisa que só seria possível se tivéssemos uma alma desprendida do mundo físico. Fazer cálculos, por sua vez, é uma noção física, decorrente do fato de que nosso cérebro é um sistema de processamento de informações, tendo como finalidade guiar nossos corpos pelo mundo.

O que normalmente se designa como livre-arbítrio é o que aqui denominamos liberdade, que seria a versão "ateia" do livre-arbítrio. Essa liberdade não é, como normalmente se pensa, algo positivo, mas negativo. Para deixar a ideia mais clara, vejamo-la do seguinte modo: *ateísmo* significa *sem teísmo*. Um *átheos* é aquele que não tem *theos*. Agora pensemos: o que é não ter liberdade? Estar preso. Então, no mesmo sentido, ser *livre* é ser *não-preso*, isto é, *a-preso*. É nesse sentido que devemos entender a liberdade. Numa perspectiva materialista, a noção de liberdade precisa ter uma conotação necessária de ausência. Deve ser vista como um não-estar-preso. Não se trata de um estado positivo, real, mas de uma ausência de algo restringente. Essa liberdade é algo que só existe subjetivamente, e deve ser entendida sempre relativamente a algo que prende.

Um exemplo prático: temos uma camiseta *a* e uma camiseta *b*. Somos livres para escolher uma delas? Sim, mas essa escolha ocorre fisicamente em nossos cérebros. A liberdade está no fato de haver duas camisetas, e no fato de possuirmos um cérebro capaz de calcular qual delas nos parece mais apropriada. Assim, escolher é um cálculo físico feito por nossos cérebros, não um sopro metafísico feito pelo *eu*. Nesse sentido, trata-se de uma liberdade relativa às camisetas, às possibilidades, não à escolha em si mesma. Como somos máquinas, a escolha só poderia ocorrer fisicamente. Desse modo, enquanto sujeitos, lidamos com uma espécie de liberdade que existe ou deixa de existir se, por exemplo, estivermos algemados ou não. Trata-se de algo puramente condicional. Portanto, objetivamente, livre-arbítrio não existe, e aquilo que designamos liberdade é apenas o nome que damos às possibilidades que temos diante de nós. Claro que isso tudo se encontra submetido às determinações do mundo físico, não havendo, nesse sentido, relevância no fato tais fenômenos ocorrerem num contexto biológico.

Para além disso, não somos seres livres em nada, absolutamente nada. Por mais que insistamos no contrário, sabemos que ninguém escolheu ser aquilo que é, tampouco escolhe aquilo que será. Podemos sonhar o que quisermos: isso não tem relação alguma com o que de fato acontece. A ideia de, por exemplo, planejar nosso futuro, de tomar o destino em nossas mãos, é perfeitamente ridícula. O máximo que conseguimos planejar são coisas como passar no supermercado ou na banca de jornais, e mesmo isso não sabemos como ocorrerá, realmente não sabemos: apenas supomos como será. Parece que somos responsáveis pelo encadeamento de eventos que constitui nossas vidas, mas isso é fisicamente impossível. Somos simplesmente processos físicos materiais fluindo pelo mundo. Nosso papel é o de protagonistas, representando um *script* que é um improviso do acaso.

Em si mesmas, as escolhas não são escolhidas, elas simplesmente acontecem. Para nos convencermos disso, basta observar que não planejamos planejar ir ao supermercado — ou, para todos os fins, não planejamos planejar o planejamento, e assim por diante. Podemos regredir o quanto quisermos. Porém, em um determinado ponto, teremos de admitir que escolhas não são escolhas, mas eventos físicos. Escolhas são fatos que simplesmente acontecem, e não entendemos por que nem como. Como estamos falando do futuro, não estaríamos muito errados ao pensar que nossos atos sempre precedem nossos pensamentos, e isso até no ato de pensar. Contudo, uma coisa não acontece antes ou depois da outra, pois não existe essa dualidade. O mundo não fica nos esperando para acontecer. É tudo um fluxo no agora, e estamos imersos nele, somos ele. O mundo é matéria, nós somos matéria, e parece descabido pensar que haja como libertar-se disso pelo simples fato de termos neurônios. Os pensamentos ocorrem em nossa cabeça como a água despenca numa cachoeira. Pensamos porque somos máquinas pensantes. Se fôssemos água, fluiríamos. Alguns acrescentam que somos máquinas que podem fazer o que querem, e isso é verdade. Contudo, não podemos escolher o que queremos. Não há saída. Paremos de sonhar.

* * *

Por que o determinismo nos incomoda tanto? Por preconceito. Imaginamos que, se o universo fosse determinístico, ficaríamos, por assim dizer, congelados, fisicamente imobilizados pela impossibilidade de tomar qualquer decisão. Vemos o determinismo como um bloco de concreto que nos envolve, mas isso apenas porque nos imaginamos como almas livres dentro de um universo determinístico. Claro que, do ponto de vista subjetivo, parece um paradoxo, mas ele se dissolverá se a questão for analisada objetivamente. Se tivermos o cuidado de observar que somos um fato biológico, ficará claro que também somos esse concreto, e o assunto já não nos incomodará.

Na prática, somos marionetes robóticas. Isso é existir enquanto sujeito. Apenas nascemos e vemos isso tudo acontecer. Vemo-nos existir como algo que não consegue alcançar a si próprio, sem a menor ideia do que faz de nós o que somos, tampouco do que, com o tempo, nos torna algo distinto. Não apenas nos tornamos outra coisa a cada segundo, como também não temos influência alguma quanto ao que nos tornaremos, nem meios de prevê-lo. Nesse devir material, mesmo que nos consideremos alguma coisa, nunca seremos essa mesma coisa por muito tempo, pois tudo muda constantemente. As coisas simplesmente acontecem, e isso sem qualquer razão ou propósito.

Acrescente-se que, ao dizer *as coisas*, referimo-nos a tudo, inclusive nós, que costumamos nos colocar à parte da realidade.

Nessa ótica, aquilo que denominamos escolhas livres seriam apenas invenções explicativas subjetivas a respeito de fenômenos materiais objetivos que não conseguimos realmente entender. Isso porque, observando o mundo objetivamente, coisas como o desenrolar de nossas vidas e as mudanças em nossa personalidade se encontram imersas num grande acaso dentro do qual não conseguimos nos situar e delinear com clareza. Dentro da intrincada trama de fatos da existência, o entendimento simplesmente não consegue apreender aquilo que nos determina. O que fazemos para resolver esse problema? Inventamos um sistema próprio baseado numa simplificação da física. Dentro desse sistema, temos nosso modo próprio de explicar as coisas: consideramo-nos um *eu* e o tomamos como referencial e princípio explicativo. Fazemo-lo como quem dá um apelido à matéria, para poder tratá-la como algo subjetivo. Assim, a partir do ponto de vista desse *eu*, inventamos explicações subjetivas para o acaso objetivo que nos move. Tanto isso é verdade que, quando nossas explicações se referem ao que está fora de nós, falamos em termos de matéria e de acaso. Quando se referem a nós mesmos, falamos em termos de *eu* e de escolhas. Portanto, somos *eus* livres apenas porque, dentro desse esquema subjetivo que inventamos, definimo-nos como tais.

Sabemos da impossibilidade de compreender o mundo em si mesmo. Porém, como vemos nosso próprio caso como algo à parte, interpretando-o a partir dessa ótica inventada por nós próprios, pensamos nos compreender muito bem enquanto sujeitos. Entretanto, partir de um ponto de vista inventado e tratá-lo como algo tão real quanto o mundo cria uma dualidade absurda, e passamos a ver ambas as coisas sob uma ótica falsa, sendo apenas esse o motivo pelo qual o mundo físico e o *eu* parecem conflitar. Isso, contudo, não é problema algum: gostamos de acreditar em nossas próprias ficções. Nós nos inserimos nos fatos que explicamos somente para podermos explicá-los a partir de nós mesmos em nossos próprios termos.

Acreditamos que partir de nós mesmos é um ponto de vista seguro porque pensamos conhecer muito bem nosso mundo interior, mas não conhecemos.

Ele nos é desconhecido como o mundo exterior, pois ambos são a mesma coisa. O fato de para ele termos inventado explicações não muda nada, pois inventar explicações não significa ter entendido. Assim como o mundo exterior em si mesmo nos é desconhecido, e só temos acesso a ele através dos sentidos, também nosso mundo interior é desconhecido, e só temos acesso a ele através da consciência, e sabemos que nossa subjetividade não se reduz à consciência. Nossa consciência não nos dá acesso direto a nada, só a representações, inclusive de nosso próprio universo subjetivo. Sentimentos, por exemplo, são representações de configurações neurofisiológicas. Nós não entendemos os sentimentos, simplesmente os sentimos. Para ilustrar melhor, façamos algumas perguntas: como podemos saber se estamos ficando doentes? Se vamos gostar daquele trabalho ou daquela pessoa? Não sabemos dizer. Temos de nos colocar na situação para saber, e isso prova que não conhecemos nosso mundo interior, apenas o vemos acontecer.

Claro que nossa consciência é um fenômeno real que ocorre em nossos cérebros, mas isso não significa que seu conteúdo seja algo que consigamos explicar e entender. Aquilo que pensamos sobre nós mesmos não tem qualquer correspondência necessária com o que somos, objetiva ou subjetivamente. Mesmo que vivamos dentro de nós mesmos, não nos conhecemos, pois viver é uma coisa, entender é outra. Saber apertar os botões de um controle remoto também não significa que entendamos de eletrônica.

Portanto, quando nos concebemos como um *eu*, nem por isso passamos a ser aquilo que pensamos ser. Porém, mesmo que não saibamos nos explicar, ainda assim nos explicamos, pois isso nos acalma. Mesmo assim, e gostemos ou não, a respeito do que somos só temos crenças, pois é insano pensar que sejamos a opinião que temos de nós mesmos ou qualquer coisa do gênero. Nossa consciência de nós mesmos enquanto indivíduos é a nossa consciência de nós mesmos enquanto indivíduos. Não se trata de uma explicação. Contudo, essa ilusão de que nossas razões "explicam" nossas vidas está tão arraigada em nós que acreditamos na ficção do *eu* como um ente real e objetivo, algo pelo qual seríamos dotados de uma identidade única que nos diferencia de todo o resto da realidade.

Sabemos que não há um vínculo necessário entre o que somos e o que pensamos ser. Se isso ainda nos parece uma afirmação duvidosa, uma visita ao hospício deixará tudo muito claro. Achamos insensato que um indivíduo se considere poeta mesmo sem fazer poesia, e é igualmente insensato que nos consideremos um *eu* livre, constante e único mesmo que não façamos escolhas, que não sejamos constantes e tampouco únicos. No mais, também não há um vínculo entre o que somos e a nossa atividade, e podemos ilustrá-lo da seguinte forma: se fizéssemos poesia, isso transformaria nossos corpos em matéria poética? Nossa atividade mental é tão relevante nesse particular quanto nossa atividade literária, pois ela não fica gravada no âmago do ser, só em cadernos rabiscados.

Mesmo que nos isolemos do universo com a crença no *eu*, se o critério que nos diferencia for nossa atividade, não há sequer como justificar que nossos nomes devam permanecer os mesmos pela duração de nossas vidas. O fato de não possuirmos uma identidade objetiva é algo tão evidente que só precisamos de uma linha para prová-lo: se houvesse tal identidade inerente, não existiriam de cédulas de identidade. Apenas a matéria de nossos corpos e os processos físicos que nele ocorrem correspondem ao que somos, e a matéria, bem como os fenômenos, desconhecem distinções de identidade. Pensamos que nossos nomes nos identificam porque supostamente correspondem ao nosso *eu*. Não passam, entretanto, de um neologismo para algo desconhecido.

O argumento mais comum em favor da existência do *eu* é o apelo à vida consciente. Diz-se algo como isto: *penso, logo existo; aquilo que pensa é o eu; ele existe e é real porque meus pensamentos acontecem através dele.* Com isso imaginam demonstrar que existem como um *eu* pensante. Quando subordinam a existência do pensamento aos seus *eus* num raciocínio circular óbvio, isso só prova que não pensam. Esse *eu* só existe gramaticalmente. Pode ser refutado facilmente com um *pensa-se, logo existe-se.* O *eu* não é uma realidade, apenas a palavra que se usa como autorreferência. Se um cinzeiro pudesse falar, também falaria *eu* para se referir a si próprio. Se o partíssemos a marteladas, cada uma de suas partes continuaria chamando a si própria de *eu*.

Assim sendo, não importa que partamos de nossa experiência íntima de existir conscientemente para estabelecer nossas ilusões. Isso não prova que existe um *eu*, mas apenas que não conseguimos discernir entre ideal e real, entre subjetivo e objetivo. Tomar a consciência pensante como uma realidade que estabelece uma identidade objetiva é tão arbitrário quanto estabelecer a capilaridade da existência a partir de nossos couros cabeludos. A única coisa que nos leva a simpatizar com a ideia de que a consciência justifica a crença no *eu* é o fato de que tal *eu* corresponde ao nosso umbigo. Isso sim nos parece uma afirmação esclarecedora.

* * *

Ainda que não haja em nós um *eu*, uma identidade intrínseca que nos acompanha do berço ao caixão, essa crença continua a ser cultivada mesmo por indivíduos sensatos. Admitimos que tudo é acaso, que tudo é matéria, que não há propósito, que tudo é nada, mas não aceitamos que nós também sejamos esse mesmo nada incondicionalmente: abrimos uma exceção ao *eu*. Pensamos em nós mesmos como um nada que, de algum modo, é diferente, ainda que não consigamos apontar diferença alguma.

Nesse sentido, não relutamos muito em admitir que nossa identidade social é convencional. Vemo-la como uma questão prática voltada à manutenção da sociedade. Não somos muito aferrados a esse eu-exterior, a esse eu-para-o-outro. Contudo, quando o assunto é nosso eu-interior, o eu-para-mim, a coisa muda de figura. Para nós esse eu-íntimo é um dogma. Em sua defesa, tornamo-nos irredutíveis como qualquer fanático. Defendemos com unhas e dentes a ideia de que há uma identidade íntima que fica dentro de nós, sabe-se lá onde, e que faz de nós o que somos por motivos que não sabemos explicar. Isso não passa de um delírio de nosso egocentrismo. Como identidades são convenções, parece óbvia a conclusão de que só podem existir identidades sociais, nunca individuais.

Entendamos a questão do seguinte modo: só pode possuir identidade aquilo que inventamos, e o que inventamos não pode possuir realidade objetiva. O assunto, como vemos, é bastante simples. Contudo, essa não é uma questão frente à qual estejamos dispostos a ser razoáveis. Sendo esclarecidos, não acreditamos em livre-arbítrio, em moral, em destino, em imortalidade, em divindades. Abandonamos todas essas superstições metafísicas, menos a do *eu*. Estudando ciência, compreendemos a mecânica impessoal do universo em que estamos, mas fingimos que isso não se aplica a nós quando o assunto é nosso *eu*. Dele nunca suspeitamos, mesmo que possua todas as características de uma entidade sobrenatural.

Escudados pela desrazão e encouraçados pelo egocentrismo, pensamos em nós mesmos, em nosso *eu*, como uma propriedade privada dentro de um universo público, como se leis físicas fossem tão convencionais quanto leis criminais. Assim, para preservar a soberania do *eu*, pensa-se no materialismo como algo que só diz respeito ao que está fora de nós, ao mundo exterior. Não admitimos que a física se intrometa em nossos assuntos íntimos: *que vá para o diabo com suas leis certinhas e uniformes!* Encaramos a identidade pessoal como um conceito ontológico, como se a humanização da realidade só dissesse respeito à criação de entidades sobrenaturais antropomórficas. O fato, entretanto, é que crença no *eu* é um sobrenaturalismo, algo tão irracional, metafísico e supersticioso quanto a crença em divindades que criam mundos e depois voltam a dormir.

Não temos nenhuma dificuldade em perceber que o problema do *eu*, como muitos outros clássicos da filosofia, é um problema falso. Algo nascido da teologia que até hoje é tratado como uma questão filosófica digna de consideração. Se usássemos o *eu* apenas como um sinônimo de consciência, não haveria problema algum, não haveria uma dualidade. O *eu* só passa a ser problemático quando pensamos nele como algo livre e único, que nos identifica, precede a realidade e causa fatos. Estamos apenas sonhando quando o vemos como uma entidade livre e única, distinta de todo o mais, pois, para que isso fosse possível, esse *eu* precisaria existir à parte da matéria, nunca como um processo material de uma mente material. Não obstante, queremos acreditar que somos livres e únicos, mesmo que isso equivalha a ser doido.

A crença numa identidade íntima que é fixa, única e livre dentro de um universo no qual tudo é movimento, anonimato e determinação implica uma contradição gritante, e é estranho que tantos indivíduos defendam tal ideia sem perceber que esse conceito de eu-profundo equivale ao conceito espírito. Nisso vemos a solução da charada: a crença no *eu* foi derivada da crença de que temos um espírito. Está, portanto, resolvida a questão da identidade do ponto de vista, digamos, espiritual. O *eu* que pensamos habitar nossos corpos não passa de um preconceito religioso herdado. Vejamos agora o que pode ser dito a respeito de nossa identidade na prática, do ponto de vista da realidade.

* * *

Comumente definimos identidade como aquilo que não muda. Como o conjunto de características que faz com que *a* seja *a* e que *b* seja *b*, que nós sejamos nós e que outro seja outro. Mas que características são essas? Não conseguimos entender como haveríamos de encontrar na realidade objetiva atributos capazes de estabelecer identidades imutáveis. Qualquer noção de identidade que pressuponha a existência objetiva de algo imutável e único nos conduz ao mesmo problema que acabamos de solucionar: trata-se de uma concepção metafísica de identidade. Dentro de um mundo no qual tudo é um fluxo anônimo, a única coisa que permanece constante são nossas crenças e nossas convenções, aquilo que inventamos e chamamos de *eu*, de espírito, de *a* ou *b*.

Do ponto de vista material, não existem identidades em si mesmas, assim como não há valores morais em si mesmos. A própria ideia de demonstrar uma identidade pessoal objetiva é um contrassenso, pois equivaleria a estabelecer uma identidade pessoal impessoalmente. Não pode haver um conceito objetivo de identidade, e isso demonstra-se pelo simples fato de que não tínhamos identidade ao nascer. Se identidades são confeccionadas sob demanda, então pensemo-las nesse sentido.

Ilustremos essa ótica com uma situação prática. Suponha-se que sejamos a pessoa-z. É o que consta em nossa certidão de nascimento. Como qualquer indivíduo, nascemos, crescemos, sonhamos e blablablá. Num dado momento de nossas vidas, tornamo-nos degustadores de vinho. Somos a pessoa-z-que-degusta-vinhos, e orgulhamo-nos disso. Consideramos que isso faz de nós o que somos, que é nossa identidade. Sabemos que nunca houve escolha real, que, dadas as circunstâncias, o fato de havermos nos tornado degustadores profissionais foi fisicamente inevitável, embora prefiramos acreditar que isso seja nossa vocação ou coisa do gênero. Suponhamos, entretanto, que naquele mesmo momento houvéssemos nos tornado vendedores de sorvete. Somos a pessoa-z-que-vende-sorvetes. Continuaríamos sendo a mesma pessoa? Claro, a pessoa-z. Não precisaríamos atualizar nossos documentos de identidade, só nossas carteiras de trabalho. Agora suponhamos o seguinte: pegamos a pessoa-z, colocamo-la num caldeirão e fazemos dela uma sopa. Passaríamos a ser a pessoa-z-que-virou-sopa? Claro que não, pois simplesmente deixamos de ser uma pessoa. Ainda que houvéssemos acompanhado a série de eventos que fizeram da pessoa-z uma sopa, a sopa já não é uma pessoa. Passaríamos a ser apenas sopa, que nem mesmo seria sopa-z. Isso ilustra suficientemente bem que, entre uma situação e outra, em nível objetivo, não há qualquer distinção qualitativa. A matéria que compõe nossos corpos não diz respeito à nossa identidade, tampouco aquilo que fazemos de nossas vidas.

Nas três situações, a matéria continua sendo a mesma matéria. Tudo o que fazemos é classificá-la diferentemente segundo os critérios que nós mesmos inventamos, e nisso o norte são nossos interesses, aquilo que essa matéria representa para nós. Nenhuma das qualidades em função das quais fazemos tais classificações é intrínseca à matéria em si mesma. Portanto, em nível objetivo, nós não temos identidade pelo mesmo motivo que sopas não têm identidade. Ademais, tenhamos em mente que nada do que somos ou do que nos tornamos tem uma razão de ser, mesmo porque no ser não há razão alguma. Como nossas escolhas não são livres, mudanças de carreira não implicam singularidades espaçotemporais. Porém, mesmo numa visão determinística, costumamos pensar o tempo, o encadeamento dos fatos, segundo a ótica das fantásticas teorias sobre viagens no tempo em que nos desintegramos porque matamos nossos avôs. A regularidade do mundo físico, entretanto, não tem como prioridade manter intactas nossas identidades pessoais, pois nosso *eu* não é objetivo, tampouco uma lei natural, apenas um personagem de ficção.

Não havendo qualquer distinção objetiva entre as coisas, a noção de identidade, mesmo que relativa a elementos objetivos, só pode ter origem subjetiva e convencional. Nessa ótica, tudo parece arbitrário e, intelectualmente, realmente é o caso. Contudo, na prática, a identidade não é algo que inventamos do nada. Ela tem raiz no fato de que nosso corpo surge e mantém-se como um processo material contínuo e individualizado, fechado em si mesmo, configurando um sistema mecânico que funciona independentemente dos demais organismos; ou seja, robôs biológicos suficientes em si mesmos que interagem com o ambiente que os circunda segundo certas programações inatas e aprendidas; ou seja, homens. Para não reinventar a roda, na sociedade tomamos nossa própria natureza para nortear os parâmetros referenciais de identidade, que foram estabelecidos pela evolução biológica, dentro da qual, enquanto organismos, somos o referencial de unidade. Partimos disso e acrescentamos mais alguns detalhes segundo nossos caprichos culturais.

Lembre-se, entretanto, que esse critério surgiu por acaso. Nunca foi uma prioridade da evolução biológica estabelecer critérios de identidade. Isso foi só um efeito colateral de estratégias de perpetuação genética. Se fosse mais útil à sobrevivência que houvesse dois cérebros pensantes num só corpo, assim seria. Se fosse mais útil que pudéssemos nos dividir em dois, assim seria. A questão da individualidade só tem relevância para indivíduos. A seleção natural só diz respeito à luta pela perpetuação, não à sistematização de carcaças anônimas. Assim, do ponto de vista evolutivo, somos organismos que carregam moléculas de *DNA* em direção à eternidade. A informação genética que portamos refere-se à construção de máquinas que replicarão esse *DNA* com eficiência. Nossos corpos são, por assim dizer, a assinatura de nossos genes particulares. Tomando isso como referencial, mesmo que sejamos organismos pluricelulares, consideramo-nos um só indivíduo. Pelo mesmo motivo, não consideramos um amontoado de bactérias, que são unicelulares, como um só indivíduo. Ainda assim, essa noção de identidade que tomamos emprestada de nossa natureza só tem relação direta com a eficiência reprodutiva, com a perpetuação de nossos genes, para os quais não damos a mínima. Na prática, julgamos irrelevante esse conceito evolutivo de identidade, exceto caso tenhamos dúvidas em questões relativas à paternidade.

É fato que não precisamos de análises laboratoriais para reconhecermos uns aos outros, mas isso apenas porque somos seres de natureza social, porque genes que constroem corpos capazes de fazê-lo mostraram-se mais competentes em sobreviver e reproduzir-se. Se isso não fosse útil, todos seriam japoneses. Embora insatisfatório ao nosso ego, é a natureza da seleção genética o verdadeiro fundamento de nossa identidade. Foi através disso que viemos a surgir no mundo como organismos individuais que lutam por si mesmos, e não como colônias de bactérias companheiras. Embora todos os organismos tenham a mesma missão pessoal dentro de uma mesma guerra evolutiva anônima, cada qual o faz com seu próprio corpo. Seja como for, como essa luta se dá em nível individual, não em nível celular, temos nisso o melhor critério para estabelecer uma identidade concreta e constante, que nos acompanha do nascimento à morte.

Então nós somos nós, outros são outros. Por quê? Porque essa foi a estratégia que nossos genes encontraram para se perpetuar: construíram máquinas sociais com cérebros dotados de memória de longo prazo, capazes de identificar umas às outras, e de usar a linguagem para dar nomes às coisas que lhe parecem importantes. O fato de adorarmos a palavra *eu* é apenas um efeito colateral de sermos o resultado de genes egoístas que criam corpos egocêntricos. A questão, ainda assim, não está resolvida. Mesmo que respaldados pela louvável imparcialidade da natureza, nossos genes, sozinhos, não provam coisa alguma em relação à nossa identidade pessoal, tampouco nossos corpos. A variabilidade genética cria corpos diferentes para uma mesma missão porque essa estratégia funciona bem em longo prazo. Ser único não é a prioridade. Tanto que, embora gêmeos idênticos possuam o mesmo material genético, isso não cria problema algum, desde que os corpos os passem para frente. A identidade genética é irrelevante à evolução. Se temos *DNAs* diferentes, é apenas porque reproduzir *DNAs* iguais não funciona bem em longo prazo. Nesse sentido, também como um critério objetivo, temos nossas impressões digitais, e até gêmeos idênticos têm impressões digitais distintas, mas não ficamos muito confortados em pensar que nossa identidade se reduza às voltinhas particulares de nossos dedos polegares, embora esse seja um bom critério, pois o temos utilizado com bastante sucesso para nos identificarmos.

* * *

Façamos uma pequena digressão para aclarar um pouco mais essa questão do ponto de vista da biologia. Dentro de incontáveis gerações, a vida sempre

117

ANDRÉ CANCIAN

foi um *continuum* de anonimato. Nesse sentido, a não ser que nos tomemos como referência, não há propriamente aquilo que possamos chamar de *nossa* vida, *desta* ou *daquela* vida. A vida é um processo material que se iniciou há 3,5 bilhões de anos, e nós somos apenas mais uma consequência anônima disso. Portanto, em rigor, não há um ponto em que a vida começa, um ponto em que a vida acaba. O nascer não é uma nova vida, só um novo organismo. Aquilo que morre é o indivíduo. A vida sempre continua porque pula para a geração seguinte. Os indivíduos não são um fim, mas um meio que os genes utilizam para pular de corpo em corpo em direção à eternidade. Então, se a vida pula de indivíduo para indivíduo, isso ao menos nos individualiza, porém apenas em nível genético, e apenas por algum tempo, após o qual nossos genes serão recombinados para formar novas carcaças, caso tenhamos filhos. As identidades genéticas que recebemos através disso não são mais que um crachá temporário, um rolar de dados biológicos. É isso o que pensamos de nós mesmos? Não. Não pensamos ser isso o que nos faz ser o que somos. Não pensamos que somos a vida como um todo, não pensamos que somos nossos genes: somos os virtuosos corpos que trabalham para eles.

Pois bem, então analisemos a questão sob essa ótica e vejamos o que há para ser encontrado. Façamos, de início, uma pergunta óbvia: por que não gostamos de critérios objetivos? Porque pouco nos importam. Queremos critérios identidade que digam respeito aos nossos corpos, mas não apenas objetivamente, como quem separa batatas pelo seu formato. Queremos critérios subjetivos que nos façam sentir importantes pelo que pensamos ser, que digam respeito aos nossos interesses pessoais. Como digitais e genes não alimentam nosso sentimento de distinção, preferimos tomar nossos corpos anônimos como referência, distinguindo-os por critérios subjetivos e qualitativos: nossas personalidades, habilidades, gostos, ideais, sonhos, interesses etc. São dessas coisas que nos orgulhamos, e são por elas que julgamos ser o que somos.

À primeira vista, parece razoável. Porém, se considerássemos as implicações disso, receberíamos uma nova identidade por ano. Para termos uma ideia um pouco mais clara da inconsistência de um critério subjetivo de identidade-corpo, só precisamos observar que, quando crianças, éramos literalmente outra pessoa, que quase nada tinha a ver com o que somos atualmente. Não éramos, na infância, um eu-criança, uma versão tosca do que somos hoje. Éramos outra pessoa muito diferente que respondia pelo mesmo nome. Apenas por isso nossa identidade não mudou. Muitas vezes suspiramos, talvez com razão, de saudade da infância, pois nela éramos outra pessoa, uma com a qual nunca mais voltaremos a conviver.

Portanto, em termos materiais, é absurdo dizer ainda somos a mesma pessoa que éramos quando crianças, pois isso equivale a dizer que, se voltássemos a ser crianças, não haveria diferença alguma. Mas é claro que haveria. Mudaria tudo, menos nossas cédulas de identidade. Nessa situação, que resta de nossa identidade, considerando-a no sentido de continuidade espaçotemporal? Nada. Fomos esvaziados de nossa identidade eu-criança com o passar do tempo. Claro que, quando crianças se tornam adultas, não há uma ruptura no processo biológico — adultos não pensam que têm uma criança morta dentro de si. Porém, como o critério adotado é subjetivo, não há uma linha que separa ambas as coisas com clareza, e como o passar do tempo afeta todos igualmente, todos continuam considerando-se os mesmos com o passar dos anos, pois as mudanças ocorrem num processo demasiado gradual para que consigamos percebê-las.

Tais mudanças ficam mais evidentes quando reencontramos algum conhecido que não víamos há anos. Nessas situações, fica muito claro que não se trata da mesma pessoa que conhecíamos. Porém, como estamos dentro de nós mesmos, temos a impressão de que isso não se aplica a nós. Essa impressão de que nossa identidade pessoal não muda com o passar do tempo é aquilo que se conhece por continuidade psicológica: continuamos nos reconhecendo sempre como a mesma pessoa. Ainda que, ao longo dos anos, devido aos processos metabólicos naturais do corpo, a matéria que nos compõe seja substituída periodicamente, é a continuidade psicológica que nos faz pensar que continuamos a ser quem somos. Vivemos num microcosmo individual de autoconsciência, apreciando em primeira mão o constante fluxo de nossas irrelevâncias pessoais.

Retomemos a questão da criança. Se tivéssemos a possibilidade de colocar lado a lado, como dois organismos distintos, a pessoa que somos e a que éramos quando crianças, veríamos que qualquer critério subjetivo seria inútil para nos identificar como o mesmo indivíduo, e só poderíamos fazê-lo recorrendo a critérios objetivos como análises de *DNA* e impressões digitais. A única similaridade entre ambos estaria no fato de que, se nosso nome fosse, digamos, *José J. Joseph*, ambos os organismos, o eu-agora e o eu-criança, se refeririam a si próprios por esse mesmo nome. Como isso, obviamente, geraria muitas confusões, seríamos forçados a dar nomes distintos a nós mesmos para diferenciar o eu-agora do eu-criança. A identidade pessoal se desmonta novamente. Portanto, tomando a vida humana individual como referência espaçotemporal, se é impossível pensar em nós mesmos como crianças adultas, vemos que não se sustenta um conceito de identidade-corpo por critérios subjetivos.

* * *

Passemos ao tópico seguinte, que é mais interessante: história. Costumamos pensar que nossa identidade tem relação com nosso passado, que a memória é um bom critério para estabelecer uma identidade. O passado, entretanto, não fica retido em nossa essência, só em nossas sinapses. Tudo o que temos é o agora, que independe do passado, que por sua vez só existe porque temos memória. Temos a impressão do contrário, mas a história de nossas vidas não faz de nós o que somos. Do ponto de vista biológico, lembrar-se do passado serve para que consigamos nos situar num mundo competitivo, reconhecer seus integrantes e seus padrões de funcionamento. A capacidade de aprender e de lembrar-se existe para que consigamos sobreviver, não para que consigamos nos definir.

Reconhecemos uns aos outros porque isso é algo muito evidentemente útil à sobrevivência, visto que somos uma espécie gregária, cuja sobrevivência depende em grande parte da cooperação, e nesse sentido é importantíssimo que sejamos capazes de identificar os organismos, discernindo entre amigos e inimigos, entre aqueles que, no passado, nos ajudaram ou prejudicaram. Essa é a única razão pela qual vinculamos a identidade à história. Se nos ajudaram no passado, é provável que nos ajudem agora e que nos ajudarão no futuro.

Somos identificados em função do histórico de nosso comportamento, mas isso não faz de nós o que somos. Trata-se somente do que os demais pensam a nosso respeito. Não deixa de ser verdade que, dentro de cada vida particular, houve acasos particulares. Nesse sentido, nossa história nos identifica, mas apenas na cabeça daqueles que se lembram disso. Ainda assim, como vários indivíduos têm de nós uma opinião particular, nossas identidades são tantas quantas as opiniões a nosso respeito. Mas, se somos apenas um indivíduo, não podemos ser elas todas.

Seja como for, por mais que nos orgulhemos de nossa trajetória de vida, o passado não é necessário para que sejamos aquilo que somos agora, pois poderíamos ser exatamente os mesmos, e isso sem história alguma, se fôssemos construídos em laboratórios como somos agora. Essa é uma verdade que não gostamos de ouvir porque nossas qualidades não cabem todas no agora. Pensar assim nos exila de nossos méritos passados. Porém, vaidades à parte, usamos, e com razão, a história de nossas vidas para calcular nossas qualidades no presente. No processo de nos identificar, levamos em conta nossos sucessos e fracassos passados, e isso faz bastante sentido tendo em vista que se uma vez o fizemos, é provável que possamos repeti-lo. Porém, não é isso que estamos discutindo. É evidentemente útil sabermos de nosso potencial, mas isso não muda o fato de que vivemos anonimamente encerrados no presente imediato. Somos apenas o que agora somos. O passado diz respeito ao que éramos. Nostalgia não muda nada.

A história de nossas vidas, portanto, tem muito mais relação com previsibilidade que com identidade. No mais, a coleção de acasos que fez de nós aquilo que somos só é levada em consideração porque, depois de algumas cervejas, gostamos de falar de nós mesmos e de nossos feitos inúteis. Assim sendo, em rigor, o passado é absolutamente irrelevante ao presente, e nesse sentido a história de nossas vidas equivale somente a uma simplificação, a uma metáfora explicativa de acasos particulares que elogiamos apenas porque nos dizem respeito.

✳ ✳ ✳

Vejamos agora a questão da história do ponto de vista da amnésia. Se por algum motivo nos esquecêssemos de quem fomos, quem passaríamos a ser? Coisa nenhuma, como sempre fomos. Quando o assunto é história, é indiferente o que de fato aconteceu. Importa aquilo que acreditamos haver acontecido. O fato de termos ou não registros fiéis de nosso passado biológico pessoal é tão irrelevante à nossa identidade quanto aquilo que aconteceu à matéria de nossos corpos antes de havermos nascido. Para ilustrá-lo, suponhamos que fôssemos sonâmbulos e que, por uma circunstância qualquer, matássemos alguém durante o sono. Ninguém ficou sabendo do fato. O corpo nunca foi encontrado. Nós estávamos dormindo. Então que diferença isso faria? Nenhuma. Na manhã seguinte, acordaríamos e iríamos ao trabalho como se nada houvesse acontecido. Parece injusto, mas como haveríamos de punir alguém por um crime do qual não se sabe, tampouco aquele que o cometeu? Fatos dos quais ninguém se lembra simplesmente se perdem, e como o passado é irrelevante à nossa identidade pessoal, e a matéria indiferente à justiça dos homens, tudo permaneceria tal e qual. Nosso nome não ficaria registrado no livro negro da moral ontológica dos malditos.

Portanto, se, por um acidente de trânsito, nós nos esquecêssemos de quem fomos, isso só faria com que nossa história pessoal não fosse de primeira mão. Teríamos de reconstruí-la a partir de testemunhos alheios, sendo evidente que passaríamos a nos considerar aquilo que nos dissessem que éramos, independentemente de isso ser verdade ou não. Se fôssemos pintores, e nos dissessem que éramos alfaiates, para nós daria no mesmo, e reconstruiríamos nossa identidade pessoal em função disso. No mais, faz pouca diferença ser enganado por si mesmo ou pelos demais.

Podemos então afirmar que um dano cerebral que mudasse nossa personalidade não faria nada diferente do que o crescimento fez com uma criança ao torná-la adulta. Se, após o dano cerebral, deixássemos de ser, digamos, metódicos e passássemos a ser artísticos, o resultado seria o mesmo: *idem per idem*. A diferença é que, quando mudanças ocorrem bruscamente, ficamos confusos e angustiados, embora isso não passe de uma inconveniência banal, como mudar de emprego.

Usemos outro exemplo. Se vivêssemos normalmente até os vinte anos e, depois disso, por dez anos, passássemos a existir sem consciência, como zumbis autômatos, porém com uma vida normal, o que ocorreria quando recobrássemos a consciência aos trinta anos? Sentiríamos tamanha estranheza que julgaríamos ser uma pessoa presa dentro da vida de outra que não lhe diz respeito. Continuaríamos, é claro, pensando que temos vinte anos, pois nossos mecanismos mentais de autorreconhecimento não foram atualizados. Por outro lado, para os demais, que conviveram conosco enquanto éramos zumbis, teríamos continuado os mesmos até o momento em que acordamos. Pouco depois seríamos internados em algum hospício.

Claro que, na prática, tais mudanças ocorrem lentamente, a não ser em casos excepcionais, como conversões religiosas e acidentes envolvendo lesões cerebrais. Para ilustrá-lo, suponhamos o seguinte. Vemos uma pessoa num dia x e a revemos cinco anos depois. Nesse ínterim, essa pessoa ganhou 1 kg por mês. Quando a revermos, será outra pessoa? Isso dependerá de nossas intenções. Se a houvermos reencontrado apenas para bater papo, sim. Se a houvermos visitado com intenções românticas, não. Nesse sentido, o fato a ser salientado é que, quando convivemos com outrem diariamente, assim como convivemos com nós mesmos, não notamos tais transformações com clareza, pois são graduais demais para ser percebidas. As pequenas mudanças corriqueiras são processadas como irrelevâncias, mesmo que impliquem grandes distinções em longo prazo.

O decorrer de nossas vidas é quase imperceptível. Como se estivéssemos observando um rio de vida que corre lentamente, quando fitamos um mesmo ponto continuamente, tudo parece permanecer o mesmo, mas é tudo um fluxo ininterrupto e anônimo. Dentro disso tudo, queiramos ou não, estamos sempre fluindo, e com isso nos tornamos outra coisa, que também não é coisa alguma. No que concerne à identidade pessoal, mudanças não são cumulativas, tampouco qualitativas. O fato, entretanto, é que só se vive uma vida, e como nessa porção de história não há uma ruptura no processo biológico individual — aquilo que corresponderia a uma nova geração —, nossa intuição nos diz que permanecemos os mesmos devido à continuidade psicológica, embora dentro de uma única vida possamos nos tornar tão diferentes de nós mesmos quanto uma geração de outra, quanto um pai de um filho.

Nossa identidade, portanto, não diz respeito ao passado, só à nossa crença no passado. Aplicamos essa noção de identidade histórica em nossas vidas em sociedade somente porque pegamos carona numa convenção biológica, mas essa convenção vale somente para seres biológicos com memória de longo prazo. Se a aplicássemos a tudo, as implicações seriam ridículas. Senão, vejamos: um bocado de alumínio, por exemplo, já existiu sob a forma de bauxita. Em algum momento, o minério foi processado, resultando em grossas chapas metálicas. Depois foi transformado em latinhas de refrigerante. Ainda depois, reciclado e convertido em uma panela. Supondo-se que houvéssemos acompanhado a trajetória desse alumínio, qual seria sua identidade histórica? Uma recém-panela, uma ex-latinha, uma paleobauxita? Embora fisicamente esse bocado de metal tenha sempre sido a mesma coisa do ponto de vista espaçotemporal, não chegamos a lugar algum quando buscamos identificá-lo em função de sua história. Quando falamos de história, referimo-nos implicitamente à história da vida, ao que nos diz respeito. Pouco nos importa a história da bauxita.

São óbvios os motivos pelos quais devemos ignorar uma argumentação em favor de uma identidade histórica intrínseca a latinhas e panelas. Só podemos afirmar que aquilo sempre foi alumínio, sendo irrelevantes as diferentes formas que esse metal tomou ao longo do tempo. Somente em nosso caso particular torna-se válida a miopia de interpretar o universo como se ele tivesse memória, mas o fato é que só cérebros têm memória. Isso porque, quando falamos do mundo em si mesmo, não se aplica o conceito de passado, de história. Nele tudo é presente. Nada fica registrado. A informação sobre o que ocorreu simplesmente se perde. Mesmo quando registramos acontecimentos passados em folhas de papel, isso não faz com que continuem existindo, mas com que folhas de papel fiquem escritas no presente fazendo menção àquilo que já se foi.

Sendo que o mesmo se aplica a nós, está destruído o conceito de identidade histórica. Assim como uma latinha, enquanto for latinha, é designada como tal, mas em essência é apenas alumínio, nós nos chamamos de José, de Maria, mas em essência somos apenas matéria orgânica. No mais, o fato de

José saber que já foi matéria inanimada não fará com que passe a se considerar o José-que-era-morto. Se insistíssemos numa identidade inerente à matéria que constitui nossos corpos — geralmente acrescentando que ela gera nossa consciência, como se isso fizesse diferença —, teríamos de nos chamar pelos nomes de tudo aquilo que já viveu a partir da mesma matéria que agora nos constitui. Seríamos um pouco bactérias, um pouco árvores, um pouco répteis, um pouco vovô José, um pouco vovó Maria, e assim por diante. Nossos sobrenomes ocupariam milhares de páginas.

Como vemos, ao investigar a questão a identidade pessoal, tudo parece estar imerso em relativismo, e o único modo de superá-lo consiste em recobrar a sensatez e admitir que o ponto em que estabelecemos as distinções de identidade é puramente arbitrário. No caso da identidade histórica, mesmo que o passado só exista em nossas memórias, é útil aos nossos propósitos vincular a identidade à história, mas só à porção dela que nos parece relevante em termos práticos — *e.g.* para nos lembramos de quem nos passou a perna. No caso dos humanos, essa porção de história relevante à identidade equivale ao intervalo entre o nascimento e a morte do indivíduo. Atemo-nos a esse critério por convenção, independentemente do quanto mudemos ao longo do tempo.

Temos também o conceito de identidade como singularidade. Para ilustrar tal ideia, suponhamos o seguinte caso. Compramos um carro original. Mudamos, algum tempo depois, seu retrovisor por outro exatamente igual, também original de fábrica. Nesse caso, continuamos a considerá-lo o mesmo carro, desde que a substituição tenha sido feita por um profissional competente. Se mudássemos seus pneus, *idem*. Entretanto, se ao longo do tempo mudássemos todas as peças do carro, ele continuaria sendo o mesmo? Depende do ponto em que estabelecermos o critério de identidade. Em nossa opinião, ele pode deixar de ser o mesmo apenas por havermos trocado o retrovisor, ou pode permanecer o mesmo apenas porque trocamos tudo, menos a antena original, à qual por algum motivo pessoal damos importância especial. Porém, mesmo dentro dessa discussão arbitrária sobre a suposta singularidade do carro, sabemos que também foi arbitrária a adoção do conceito de originalidade de fábrica como critério de identidade. Tais controvérsias são inúteis porque nunca houve um carro, só a palavra *carro* e a qualificação *original*. Estamos discutindo definições, não realidades. O que existe de fato é um bocado de matéria movido a gasolina.

* * *

Vejamos agora uma situação no estilo ficção científica que mistura os conceitos de identidade singular, histórica e também a crença no *eu*. Algum cientista passa um *scanner* em nosso cérebro, recolhe dele todas as informações que fazem de nós o que somos e então as transpõe em outro cérebro fisicamente idêntico. Pelo nosso conceito tradicional de identidade, julgaríamos que o resultado seriam duas pessoas distintas. Que o cérebro *a* é o verdadeiro e que o cérebro *b* é uma cópia, e que isso o torna diferente, ainda que tal distinção não possa ser demonstrada. Porém, objetivamente, ambos os cérebros seriam exatamente a mesma pessoa. Ao acordar, seria provável que ficassem guerreando entre si inutilmente para decidir quem é o verdadeiro, quando ambos são igualmente verdadeiros, já que isso se resume a ser real, não a ser único. Como o único argumento que o cérebro *a* tem em seu favor é a história, isso não provaria coisa alguma. Se o cérebro *a*, por outro lado, houvesse sido destruído no processo de cópia, passaríamos a ver o cérebro *b* como o autêntico sem nenhum problema. Para ele, assim como para nós, daria no mesmo, desde que ele ainda nos reconhecesse e se lembrasse de que nos deve dinheiro.

Pensemos um pouco mais a respeito. Nessa situação, temos dois *eus* conscientes de si mesmos que são exatamente a mesma coisa. Duas instâncias do mesmo processo material. Normalmente imaginamos ser impossível que exista um *eu* fora de nós, pois, se aquilo fosse realmente o *eu*, o nosso *eu*, teríamos consciência dele. Aonde quer que nosso *eu* vá, supomos que estaremos lá também, mesmo que ele vá para dois lugares diferentes, e o quanto isso é absurdo dispensa comentários. Nossa intuição faz com que exijamos que haja uma diferença entre dois *eus* iguais apenas para preservar nossa noção de singularidade, que é nosso norte nessa questão. Sem isso ficamos confusos. Para fins práticos, faz sentido encararmos nossa consciência, nossa individualidade, como algo único. Mas essa noção tem uma validade restrita, pois a partir dela somos levados a pensar que se temos consciência apenas de nós mesmos, cérebro a, e a outra pessoa, cérebro b, apenas de si mesma, trata-se de duas pessoas diferentes, distintamente idênticas. Mas não há diferença alguma, pois a ausência de diferença foi exatamente o que postulamos desde o início.

Feita a cópia de nossa mente, aquilo que ocorre na mente copiada é exatamente o que ocorre na nossa. Colocados numa situação idêntica, tudo o que estivermos pensando, o outro cérebro também estará. Acordaríamos dentro de dois corpos ao mesmo tempo, só que um sem consciência da existência do outro. Isso demonstra com bastante clareza que aquilo que denominamos *eu* não é uma singularidade, mas um processo material anônimo. Portanto, ao ter nosso cérebro copiado para outro, acordaríamos naquele cérebro não apenas achando, mas sendo a mesma pessoa. Ambos seriam o original. Se x é igual a y, tanto faz se o chamamos x ou y. Tal situação, que a princípio parece um paradoxo, na verdade não é paradoxo algum, pois a singularidade de nossa identidade não é uma necessidade física, só uma exigência de nossa vaidade.

Como falar de cópias de cérebros humanos mexe com nossas sensibilidades e embota nossa capacidade de pensar criticamente, falemos de computadores. Assim nos preocuparemos apenas em entender a questão, não em tentar refutá-la secretamente para preservar nossas crenças. Temos um computador sobre nossas mesas. Compramos outro computador exatamente igual e copiamos a ele todo o conteúdo do primeiro. Agora os dois são perfeitamente iguais. Qual problema haveria nisso? Nenhum. Ao ligá-los simultaneamente, o resultado seria o mesmo que o dos cérebros humanos, só que o conflito seria de *IPs*, não de *eus*. Assim como nossa consciência, o sistema operacional não detectaria mudança alguma, mesmo que um computador estivesse ao lado do outro, recebendo o mesmo nome. Teríamos o mesmo resultado ao interagir com qualquer um deles, pois são exatamente a mesma coisa. Neste segundo caso, por se tratar de um computador, conseguimos pensar objetivamente, concebendo-o como um fato. Isso faz com que não sintamos necessidade de postular alguma espécie identidade metafísica inerente ao *eu* dos computadores para preservar sua autenticidade existencial.

Feito esse paralelo, fica mais fácil aceitarmos que, mesmo se tivéssemos nossos cérebros duplicados, nossa identidade permaneceria intacta, pois ela é uma convenção, não uma realidade. Ainda assim, ao sermos duplicados, como faríamos para decidir quem é quem? Nosso bom senso nos diz para recorrer ao critério da continuidade espaçotemporal como uma primeira opção, ou seja, à identidade histórica. Porém, se não soubéssemos qual dos dois cérebros foi o primeiro, não haveria problema, pois eles também não saberiam: bastaria tirar cara-ou-coroa e chamá-los de cérebros x e y.

Há, ainda, uma última questão interessante a ser considerada. Suponhamos que o cérebro a houvesse cometido um crime antes de ser duplicado. Descobre-se o crime uma década depois. Como proceder? Puniríamos os dois? Hesitamos um pouco, mas a resposta é sim. Com o passar dos anos, ambas já não são a mesma pessoa, mas antes eram, então as duas devem ser presas, pois cometeram o mesmo crime, representando, portanto, o mesmo perigo à sociedade, que é o motivo pelo qual se prendem infratores.

✳ ✳ ✳

Considerando tudo o que vimos até agora, percebemos que a identidade pessoal não está ligada à matéria, à história, à singularidade, à genética, tampouco ao *eu*. Então ao que, afinal, a identidade está ligada? Aos nossos interesses. Se aprendemos alguma coisa até aqui, é que identidades servem apenas para evitar confusão. Em carros iguais, colocamos placas com números diferentes. Em latas de molho de tomate iguais, colocamos códigos de barras iguais, e isso não é uma injustiça para com as macarronadas. Não identificamos as coisas em função delas mesmas, mas de nossos interesses. Damos nomes iguais a coisas diferentes e nomes diferentes a coisas iguais somente *para identificar* aquele bocado de matéria particular segundo o que ele representa para nós. Esse *para identificar* revela que o conceito de identidade é relativo e existe apenas em função da utilidade prática que enxergamos no nomear as coisas. Desse modo, sejam iguais ou diferentes, rotulamos seres humanos com nomes distintos porque julgamos que as coisas funcionam melhor assim. Também porque não gostamos de nos sentir como gado, como micróbios ou — ai de nós — como matéria.

Assim sendo, tudo é relativo ao ponto em que estabelecemos e convencionamos o critério de identidade, seja qual for. Nossa consciência racional da realidade pode ser algo muito curioso, mas quando o assunto é liberdade ou identidade, ela o prova o mesmo que uma televisão. Mudam os pensamentos, mudam os canais, mas nisso tudo não há escolha alguma por parte dos circuitos que sustentam tais processos, pois sabemos que ambas as coisas são fatos determinados pela física. Nossa consciência tem tanta liberdade quanto ao que pensar quanto a televisão no escolher que canal será exibido. Ademais, não consideramos uma televisão distinta de outra pelos programas que exibiu no passado, mesmo que isso fique armazenado em sua memória digital. Aquilo que passa na tela de nossa consciência é tão anônimo quanto as imagens que passam numa televisão, mas a consciência ocorre num bloco orgânico de massa cinzenta, não numa placa de circuitos eletrônicos. Vendo as coisas desse modo, se não conseguimos perceber distinções claras entre imagens de aparelhos televisores e imagens de aparelhos cerebrais, é apenas porque não há efetivamente qualquer diferença digna de consideração.

Como se percebe, toda a problemática da identidade, que não é problema algum, gira em torno de nossos umbigos. Vendo tudo do ponto de vista do sujeito, o *eu* parece mais admirável que a matéria pelo mesmo motivo que cores parecem mais relevantes que ondas eletromagnéticas. Vemos parâmetros biológicos subjetivos como importantes apenas porque somos seres vivos dentro da pele de um sujeito. Essa distinção, entretanto, não existe objetivamente. Matéria viva e matéria não-viva são exatamente a mesma coisa. O fato de um bocado de matéria ser autoconsciente o distingue do resto da existência tanto quanto a água do mar se distingue por ser salgada. Não é difícil imaginar que, se os oceanos tivessem consciência, cada gota dele se daria um nome e gostaria de acreditar que é única e especial em sua essência de eu-salgado.

✳ ✳ ✳

Por sermos seres humanos, é óbvio que ocupamos o centro da realidade, e é assim que a realidade deixa de ser a questão. Quase invariavelmente, andamos em círculos, e faz pouca diferença o assunto a ser discutido: somos assim em todas as questões. Ao ver alguém defender uma ideia tão tola como a de um *eu* livre que se isola da realidade física através de um campo de força sobrenatural chamado consciência pensante, ficamos sem palavras. Enquanto nos dedicamos à ingrata tarefa de levar a sensatez adiante, buscando a verdade sobre o assunto, tais indivíduos buscam apenas elogiar-se defendendo hipóteses que façam com que se sintam macacos dotados de superpoderes irrelevantes.

Se ainda temos dúvidas quanto à nossa incrível aptidão no fazer alegações estúpidas, eis o caso: denominamos nossa consciência *eu*, acreditando que, por tal razão, a física nos reconhece e tem por nós um carinho especial, fazendo vez ou outra vista grossa para que possamos escolher livremente. O que poderíamos pensar diante disso? Tais indivíduos são beatos, não pensadores. O sinal característico dos que não estão preocupados em alcançar a verdade sobre o assunto consiste no fato de não darem importância às implicações daquilo que defendem. Querem apenas continuar acreditando. Dão-se por satisfeitos porque esse besteirol todo os engrandece, tornando-os livres, únicos e insubstituíveis, como todos são.

Os *eus* pensantes não-metafísicos, por outro lado, têm apetite por detalhes. Se seres humanos são livres, a matéria que constitui nossos corpos é matéria-eu? Quando inspiramos, algumas moléculas de ar-outra-coisa passam a ser agraciadas pela liberdade de ser matéria-eu? Quando o exalamos, isso é assassinato? Se só seres vivos são livres, a liberdade não deveria começar na derme, já que a epiderme é composta de células mortas? Se fôssemos seres realmente dotados de livre-arbítrio, teríamos o mais profundo interesse em discutir tais detalhes.

Inventamos diversos devaneios para nos orgulharmos de coisas sem sentido, como nosso *eu*. Essa metafísica moderna do *eu*, entretanto, é tão ridícula quanto qualquer metafísica medieval ignorante. A questão nunca é a verdade, e sim nosso orgulho antropocêntrico, pois fomos programados para nos sentirmos importantes em nossa missão individual de imprimir nossas mãos sobre o destino da humanidade, consagrando nossos nomes nas páginas da história e nossos genes nas gerações futuras. Sendo que a batalha se dá entre indivíduos dotados de um egocentrismo incontornável, tornamo-nos *eus* por instinto. Esse *eu* é nossa bandeira, o porta-voz de nossa missão suicida de atravessar a vida, conduzindo em segurança nossos genes à próxima geração de anônimos. Na tarefa de nos supervalorizar, distorcemos a realidade, relativizamos todos os fatos, menos o absoluto *eu*. Como bravos guerreiros, faremos tudo o que estiver ao nosso alcance para fincar no porvir da existência a bandeira de nossa amada pátria do eu-mesmo. Brademos, pois, sem demora: *onde o burro passa, deixa sua marca!*

Concluímos, portanto, que aquilo que, em rigor, faz de nós o que somos, e nunca outra coisa, é nossa imaginação. Por mera vaidade nos chamamos de homens, não de matéria, acreditando que exista diferença entre uma coisa e outra. Até para podermos considerar certa coisa igual ou diferente de outra, precisamos antes delineá-la e defini-la. Como não há etiquetas informativas ou linhas demarcatórias no ser, isso somos nós que fazemos, com grande incompetência. Se pensamos que possuir consciência é algo que nos livra de quaisquer responsabilidades para com a física, a ciência chora por nós. Mesmo com o peito coberto de condecorações distintivas, somos todos os mesmos severinos, todos zés-ninguém, todos acasos biológicos que, ao nascer, recebem uma missão, um prazo de validade, um número de série e uma imbecilidade suficiente para acreditar no contrário.

Tanto faz se nos consideramos o que pensamos ser. Se passamos a ser outra pessoa depois de uma experiência íntima ou depois de almoçar. Se continuaremos a existir em nossos filhos ou se os mortos continuarão a existir em nossas lembranças. Podemos ser até poéticos, vermo-nos como emigrantes do *big-bang*. Currículos pomposos só têm importância quando precisamos encontrar bons empregos. No mundo em si mesmo, nada é diferente, nada é igual. Tudo é indistinto. Nessa situação, ao contemplar uma pedra, não deveríamos nos considerar uma não-pedra, e sim, juntamente com ela, sentirmo-nos um tudo-a-mesma-coisa.

Por mais que deliremos, o assunto de nossa identidade pessoal é tão relevante quanto o fato de uma safra de café ser *for export*. A questão é apenas rotular as coisas para podermos nos servir melhor delas. Se acreditamos que nossos rótulos qualificam o conteúdo embalado, tolice a nossa. Ainda que gostemos de nos elogiar com nomes pomposos, façamo-lo com leviandade. É perda de tempo preocupar-se com definições formais de identidade. Está de bom tamanho que tenhamos cédulas de identidade bem conservadas. Deixemos os devaneios profundos aos teólogos, que se obstinam em estar profundamente errados.

Nesse vácuo de indefinição, podemos pensar que tudo é igual, que tudo é diferente. Isso dependerá apenas de nosso gosto gramatical. O mundo já existia muito antes de havermos nos declarado a medida de todas as coisas. Porém, diferentemente de nós, ele não acreditou nessa mentira. Rodeados de preconceitos metafísicos, custamos a perceber que conceitos qualitativos não se aplicam à realidade objetiva, que o mundo inanimado realmente não tem inveja de nós. Não nos distinguimos, não prestamos homenagem alguma à existência ao chamá-la de *eu*.

Somos homens. Nascemos x, crescemos y, morremos z. Dormimos a, acordamos b, pensamos c, mas continuamos analfabetos. Estamos imersos no todo, e o todo é um átomo de anonimato.

PRECONCEITO

Preconceito é o que impede a humanidade de caminhar para o futuro promissor no qual estão os ursinhos carinhosos. Em todos os lugares em que haja pessoas insatisfeitas com seu lugar no mundo, esse *desconceito* é colocado na mira de todos os ódios com um fervor infernal. Culpam-no por tudo, até pelo que não tem relação alguma com o assunto. É fácil demonstrar que os que lutam contra o preconceito não sabem do que estão falando em 99% dos casos, mas nosso objetivo não será entrar na arena armados com gramática até os dentes e fuzilar a incoerência com uma metralhadora refutatória. Se, como querem, até não gostar de limonada é preconceituoso para com os limoeiros, não há como lutar contra isso.

Apenas perdemos tempo ao listar uma centena de problemas insolúveis e apontar imprecisamente o preconceito como o vilão — que mais parece uma entidade mística responsável pela opressão de quem está fora de moda. Tudo o que dizem se resume ao fato de que, se todos pensassem como nós, o mundo seria diferente. Porém, em vez de perder tempo com tais cretinices, é mais interessante investigarmos exatamente o que significa preconceito. Depois analisaremos, com honestidade, a mecânica do raciocínio que o coloca como responsável por tudo o que há de errado com a humanidade.

Na lógica argumentativa o preconceito é considerado uma falácia. Os termos utilizados para designá-lo são *acidente invertido* ou *generalização indevida*. Consistem na criação de uma regra geral baseada em dados escassos ou muito específicos, e assim a conclusão resultante mostra-se insuficiente para representar a realidade total envolvida no fato. É basicamente uma conclusão precipitada muito estúpida. Pois bem, o processo intelectual que cria as generalizações legitimamente é chamado *indução*, e funciona da seguinte forma. Certo indivíduo, depois de passar alguns anos tediosos analisando as características físicas da água, afirma que seu ponto de congelamento é zero Celsius. Supondo-se que tenha feito todos os experimentos no nível do mar, não há nada de incorreto em sua conclusão. Podemos deixar de lado a questão da altitude e as pequenas variações decorrentes. Entretanto, se o indivíduo, baseado nisso, houvesse afirmado que todos os líquidos se congelam à mesma temperatura, sua generalização estaria incorreta, pois não descreve a realidade corretamente, ou seja, não se aplica. O problema das noções formadas por indução é não haver garantia de que a apuração de certo número de eventos de natureza uniforme será suficiente para formular uma regra geral infalível, pois seriam necessários experimentos infinitos em infinitas condições por tempo ilimitado, algo que está mais para poesia que para teoria. Assim, considera-se razoável pensar que, se os resultados experimentais forem suficientemente consistentes para prever o que conhecemos, então estará justificado generalizá-los para todos os casos que quisermos. A regra continuará valendo até encontrarmos uma exceção não-prevista.

A indução, como vemos, é o raciocínio que alicerça teorias gerais com as quais podemos prever e explicar casos particulares; ela parte do específico para o geral. A *dedução*, por outro lado, parte do geral para o específico; é a aplicação de uma teoria geral a um caso particular. Ambas as formas de raciocínio complementam-se muito bem. Por exemplo, após alguém haver deixado cair um sem-número de objetos de vários tamanhos, pesos, densidades, cores, formados, materiais etc., induziu a conclusão de que caem, todos, em aceleração contínua. Qualquer objeto em queda livre na Terra, desprezando-se a resistência do ar, exibe uma aceleração constante de 9,8 metros por segundo, até se espatifar em algo. Assim, a partir dessa indução, que embasa a regra geral, podemos deduzir que, se cuspirmos da sacada, a velocidade da queda do cuspe será a mesma que a nossa, se pularmos dela, ou seja, estaremos prevendo e descrevendo casos específicos. Porém, se esses mesmos fatos gravitacionais houvessem sido testados insuficientemente e descritos com vagueza, as conclusões não serviriam para nada, só para alimentar polêmicas sobre as aves terem ou não alguma essência metafísica inefável por poderem voar ou por suas penas caírem mais devagar que pedras.

As generalizações, baseadas na experiência, são indispensáveis para conseguirmos viver, e isso sequer vale a pena discutirmos — quem duvida dessa afirmação, fique à vontade para afrouxar parafusos no sentido horário pelo tempo que julgar necessário para apreender essa verdade. Tal importância, naturalmente, não implica que todas sejam verdadeiras ou tenham fundamentação palpável, mas que o disparate de que generalizações são inerentemente perniciosas é tão singelo que deve ter saído de um cérebro traumatizado pela incompreensão da matemática escolar. Pois bem, como poder haver nelas diferentes graus de precisão e completude, há vários termos para adjetivá-las. Assim, uma generalização muito abrangente formulada sistematicamente, documentada minuciosamente e confirmada incansavelmente recebe o nome honroso de teoria. Outra, baseada numa quantidade de dados suficiente para aparentar razoável plausibilidade, mas que ainda não foi rigorosamente posta à prova, é uma hipótese. Ainda outra, respaldada em impressões e intuições pessoais, é uma opinião. Por fim, uma imprecisa, superficial, indemonstrável, sustentada somente pela paixão verborrágica de seu dono, é um preconceito.

Apesar de aparentar uma negra complexidade impenetrável, o pensamento preconceituoso não passa da execução de inferências inconsistentes a partir de ideias capengas, chegando a conclusões espúrias, ou seja, um raciocínio atravessado diametralmente pela falácia da generalização indevida. Pode ser uma dedução incorreta a partir de uma premissa verdadeira; uma dedução correta a partir de uma premissa falsa; uma dedução absurda a partir de uma premissa idiota. Há vários modos de estarmos errados, inclusive logicamente. Então, basicamente, preconceitos nascem de nossa incompetência para a lógica, de nossa falta de clareza mental, do hábito de pensarmos mal, isto é, de não pensarmos. Porém, se seguirmos os passos dessa ideia um pouco mais, veremos que não esclarece ou explica muita coisa, do contrário todos os preconceitos morreriam quando se vissem contrariados pela realidade — mas nós os protegemos por razões alheias à lógica. Como não somos componentes eletrônicos soldados numa placa chamada humanidade, a questão não envolve somente lógica, mas também afetividade, interesses pessoais.

Quando nos apegamos tanto a uma generalização que esta, para nós, precisa estar certa — em vez de precisar concordar com os fatos —, começa a guerra para provar que estamos certos, mesmo que estejamos completamente errados. O objetivo, agora, claramente nada tem a ver com a realidade; esta deixa de ser a autoridade, o referencial de verdade. O importante é vencer, ou seja, convencer. Isso direciona nossa investigação ao resto do *iceberg*, à porção da natureza humana guiada pela irracionalidade, pela paixão, pelo instinto. A alma da coisa toda, como se supõe, consiste na luta pelo poder: usamos a racionalidade para satisfazer objetivos irracionais. Mesmo para o filósofo mais eremítico e abstrato, a razão não é, nem poder ser, um fim em si mesmo — ela é sempre um meio de nossa desrazão instintiva. Hierarquicamente, podemos sumarizar os fatos desta forma: razão pelo poder, poder pelo prazer, prazer pelo instinto, instinto pelos genes, genes pela física, física pelo absurdo. Nós, caídos de paraquedas nesse *nonsense* todo, sabe-se lá pelo que somos. Não que isso seja motivo para angústias abissais e aflições destruidoras de unhas, excetuando-se o caso de quem tem uma calculadora como ideal, mas é comum nos esquecermos de que a racionalidade aguda, que nos diferenciou evolutivamente enquanto espécie, só deixa à mostra a superfície das motivações humanas. Se tivermos alguma pretensão à verdade, devemos analisar a questão numa ótica que considera nossa irracionalidade como algo mais fundamental, que orienta a razão.

O raciocínio romântico que predomina nas análises sobre o tema é imbuído de tamanha ingenuidade que invariavelmente ignora a questão, erra o alvo e depois volta a hibernar, mas não por acaso. Trata-se somente de uma maneira educada de dizer que não queremos esclarecer o assunto por motivos que preferimos omitir, pois o fato é que ninguém deseja ter razão porque ama a lógica, mas porque ama o poder, e isso é radicalmente incompatível com os valores idealizados de benevolência pacifista nos quais fomos inculcados. Vivemos a contradição de sermos água criada e regrada como óleo, e toda a nossa incoerência brutal está em pensarmos que agir como liquidificadores morais resolverá alguma coisa em definitivo. Logicamente, a desordem alucinada inerente à questão do preconceito é resultante de nossa própria condição paradoxal, e também da incompreensão disso.

Pensemos nas minorias, que é um dos pontos centrais ao redor dos quais a questão perambula. Em geral, há dois tipos de minorias: as excessivamente poderosas e as completamente impotentes. Como nunca se ouve a respeito da reivindicação social das minorias de milionários exigindo igualdade por estarem cansadas do preconceito de só se verem relacionadas à opulência, ou das minorias de superdotados, à inteligência, a questão não parece estar relacionada exatamente à menoridade. A revolta não nasce do fato de serem minoria, mas da frustração, da marginalização, da irrelevância. Existir em menor número só tem o agravante de ser também solitário. Contudo, tendo em vista que, nessas condições, é completamente impossível demonstrar com clareza que, como alegam, os seus problemas decorrem de sua inferioridade numérica, podem pensar que isso se deva a uma conspiração universal contra sua liberdade existencial, mas parece mais plausível que simplesmente estejam enganados e perdidos em desvarios infantis de grandeza enquanto o resto do mundo sequer dá por suas almas deslocadas.

Porém, sendo a inquietude o quinhão daquilo que vive, ninguém suporta tal condição de braços cruzados por muito tempo. Mesmo as grandiosas ilusões *post mortem* só funcionam como paliativo, como um consolo provisório àqueles que perdem, pois sabemos que, independentemente da fé que professem, os indivíduos sempre se guiam por seus instintos. A situação está clara: suas consciências vaidosas precisam culpar algo por não gostarem daquilo que são. Porém, mudar a si próprios, nunca, pois adaptar-se seria uma humilhação às suas autenticidades *sine qua non*. Diante disso, não há possibilidades sensatas, mas estar errado não é impedimento algum. Pois bem, num salto de fé gratuito, adotam algum aborto teórico que oportunamente incorpora com exatidão suas aspirações, justificando suas exigências particulares, sua luta pelo poder. Apesar de invocarem ideais nobres e aparentemente neutros para justificá-la moralmente, uma análise superficialmente crítica destes faria seus motivos pegarem a tangente da razão e caírem no vazio infinito do desatino — e tal fragilidade é a marca mais característica de nossa hipocrisia. Sabemos que ninguém, por mais retardado, faz barulho em nome de ideais. Trata-se de um pretexto. Precisam somente da força simbólica que o ideal empresta à sua causa, que na realidade é seu umbigo. Nossa inteligência, obviamente, é empregada como uma mercenária, e a coerência que se lasque. Passamos três e meio bilhões de anos nesse esquema, matando, usando e enganando uns aos outros para chegarmos até aqui. Seria crasso pensar que uma pilha de livros e alguns anos na escola produziam algo além de um lustre superficial em nossa animalidade inveterada.

Assim, carregando os instintos de um mamífero competitivo, os insatisfeitos levantam a voz com a ladainha do preconceito, com a pretensão de retirar de todos o direito a qualquer generalização, legítima ou não, que os envolva. Querem-se à parte, inclassificáveis e intocáveis, verdadeiras almas *sui generis*: torna-se proibido que outrem escolha por si próprio o que pensar a seu respeito. Portanto, se numa particularidade qualquer estiverem certos, estarão certos, e isso é tudo. Porém, se estiverem obviamente errados, se forem incapazes de justificar sua posição de forma plausível, apontar sua incoerência passa, então, a ser um ato de discriminação. Tudo o que os contradiz está necessariamente errado, inclusive a lógica, se os refuta, pois suas essências caprichosas estão acima da razão e da crítica, acima de tudo, até do que está mil vezes acima delas próprias.

Isso é uma pretensão gigantesca e, de fato, grande demais para ser somente estúpida. Se o objetivo fosse erradicar o preconceito, somente seria necessário informar: a conscientização seria o caminho, e ficariam distribuindo panfletos pelas esquinas. Nesse caso, o artifício de que lançam mão na luta por poder consiste em se valerem dos valores socialmente incrustados vinculados à compaixão. Naturalmente, não como um descarado *argumentum ad misericordiam*, dizendo "por favor, veja como sou importante, mesmo não sendo; veja como sou especial, como todos são". A estratégia da honestidade crua só funciona quando se está certo, não quando apenas se acredita nisso. É curioso que, quando podemos justificar nossos absurdos com um raciocínio lógico e claro, o fazemos com precisão cirúrgica. Porém, se não tivermos razão, esta mesma passa a ser uma ilusão enganadora e limitada — somos de uma promiscuidade interminável. O pulo do gato dos insatisfeitos consiste em frisar irritantemente a convenção social da igualdade de todos, noção notadamente cristã, daí sua sinergia perfeita com a compaixão, justiça e outros ideais dementes, que nunca funcionaram, mas pelos quais vale sempre a pena lutar. Então, com a invocação da ideologia do relativismo igualitarista, podem escudar qualquer asneira imaginável, pois até quem é digno de pena também é digno de respeito, até quem perde tem valor igual ao que vence, visto que somos todos iguais, apesar de sermos diferentes.

Uma coisa não está clara: com que direito os insatisfeitos exigem que o mundo, que não enxerga seu valor, os reconheça, doravante, como algo digno de consideração especial? O mesmo das crianças, ou seja, gritar, bagunçar e incomodar até que os demais sejam obrigados a acomodá-los, numa tentativa não de ser justos, mas de viver em paz. Digam o que disserem, não há nada de intrinsecamente digno ou consistente no palavrório espalhafatoso que vomitam para desviar a atenção desta realidade fundamental: o objetivo é sempre o mesmo, eles próprios. A forma mutilada como usam a palavra preconceito não se trata, portanto, de um ledo equívoco, mas de um ardil para respaldar sua exigência cínica de importância e consideração. Valem-se de estratagemas quaisquer, até os gramaticais.

Para ilustrá-lo, pensemos no típico discurso lamuriante dos pobres, dos deficientes, dos homossexuais, dos negros, dos índios, dos ateus, dos preservacionistas, das feministas, dos sem-alguma-coisa. Se estiverem pedindo algo exclusivo, não precisamos de mais que alguns instantes para desmascará-los como impostores ou canalhas. Pois, da forma como colocam os fatos, a impressão que temos é a de que vieram de um planeta distante no qual ocupavam o centro de tudo. Querem-se especiais, dignos de direitos e benefícios reservados: provisões gratuitas por não terem emprego; reforma arquitetônica universal por não poderem subir escadas; reconhecimento moral por revolucionar a função do esfíncter; exumação de termos abstrusos para rebatizar a pigmentação cutânea; ressarcimento material da civilização que esmagou sua cultura; poder de veto sobre a irracionalidade por sua descrença erudita; imunidade a toda forma de vida por sofrerem de compaixão paranoica; admiração dupla por se organizarem para ser exatamente iguais; tudo o que quiserem, pois suas pobres almas sofrem profundamente.

Isso mais parece um arrastão de mendigos alienígenas. Assim como a incapacidade de um alpinista em chegar ao topo do *Everest* é problema exclusivamente dele, a incapacidade de lidar com diferenças é problema dos diferentes. Não enxergar ou não ter pernas não é desculpa para importunar o resto do mundo, que tem seus próprios problemas e é igualmente egocêntrico. Todos se sentem o âmago da existência, e ser um inepto não muda nada. Sofrimento e impotência, em si mesmos, não são argumentos bons para convencer outrem de que somos especiais. Pelo contrário, evidenciam nossa incompetência em lidar com a realidade, são uma grande objeção ao nosso valor. Se, para burlar isso, as minorias problematizam, distorcem e mentem sempre que convém, maquinando toda uma ficção persecutória sobre preconceitos inerradicáveis destruidores de vidas-que-deveriam-ser-iguais com o intuito de justificar sua estaticidade vitimada ante uma condição miserável, culpando tudo e todos por não intervirem naquilo que só diz respeito a elas próprias, só fica escancaradamente demonstrado que, na verdade, são exatamente iguais a todo o resto anônimo da humanidade, que está na enxada com a dignidade de manter a boca fechada quando não tem nada de relevante a dizer.

Se a perspectiva colocada parece insensível, sejamos, pois, sensíveis. Defendamos, com um panteísmo demente, a igualdade entre todos os automóveis. *Fuscas* e *Ferraris* devem ser tratados obrigatoriamente como a mesma coisa; fixar-lhes valores distintos é preconceito discriminatório inafiançável; haverá multas severas aos que aplicarem cera em um só deles; é compulsório que sejam abastecidos nos mesmos postos de gasolina com quantidade idêntica de combustível, mesmo que suas taxas de consumo sejam diferentes; são exigidas cotas de vagas para *Fuscas* em todos os estacionamentos, e os que tiverem mais de vinte anos de uso ganham desconto na troca de óleo. De início, isso pode parecer algo sem sentido, mas, se pensarmos bem, veremos que os automóveis não são apenas objetos: compartilham conosco a maravilhosa experiência de existir, levando-nos aonde quisermos rapidamente. Porém, nós, preconceituosos, não exibimos qualquer traço de consideração. Vendemo-los como se fossem montes de metal, jogamo-los em ferros-velhos quando quebram. O que está acontecendo com o mundo?

Certamente só conseguimos rir disso, mas apenas porque tais máquinas não podem falar por si próprias, ou o *Fusca* alegaria que a distinção entre carros é um preconceito automobilístico imposto ideologicamente pelas elites, e que o importante não é a potência do motor, nem a beleza estética da carroceria, nem o consumo, nem o conforto, nem nada que não tenham em comum: só importa a alma gasolinenta que compartilham. Faria, então, um

140

discurso sobre o valor transcendental de sua humildade automotiva — pois ninguém elogia as virtudes que não pode ter. Depois, é claro que, mesmo se houvesse obtido o que queria, ainda assim processaria a *Ferrari* por danos morais para conseguir alguns trocados. O desprezo de tudo é estratégico.

Suponhamos a seguinte situação prática. Estamos caminhando pela cidade, procurando uma loja na qual comprar uma camiseta. Ao atravessar uma rua sem movimento, vemos se aproximar um indivíduo aparentemente normal. Este olha para nós, olha aos lados, depois veste um capuz, saca uma arma e apressa-se em nossa direção. Partimos em disparada, mas o indivíduo nos alcança. Irritados, esbravejamos que não daremos nosso dinheiro a ladrões. Imediatamente o indivíduo baixa a arma e remove seu capuz. Revela-se uma expressão de profunda indignação. Acusa-nos de preconceito: não tínhamos o direito de presumir que pretendia nos assaltar — e se pretendesse apenas nos perguntar as horas assustadoramente? Agora seremos assaltados, mas por seus advogados, que nos processarão pelo comportamento preconceituoso que deixou seu cliente extremamente perturbado. Contudo, que outra opção tínhamos? Dadas as circunstâncias, nossa postura foi baseada numa generalização perfeitamente lógica, sustentada pela experiência. Não podemos esperar que assaltantes andem por aí vestindo crachás com marcas d'água à prova de falsificação. É ridículo supor que não possamos considerá-los ladrões até que nosso dinheiro esteja em seus bolsos.

Temos de julgar pelas aparências, pois só temos acesso imediato a elas. Ninguém tem bolas de cristal para adivinhar o que há no interior de cada alma anônima da sociedade. Quem, por exemplo, perambula pelas ruas vestido de branco e com um estetoscópio pendurado no pescoço será considerado um médico, ainda que não seja. Se o indivíduo não quisesse ser visto como um médico, seria mais sensato que simplesmente mudasse de roupa. Contudo, em vez disso, muitos preferem exigir que tenhamos a capacidade de intuir magicamente o que está por detrás das aparências. Passa a ser nossa obrigação suspender qualquer juízo, pois aquilo que alguém aparenta ser pode não ter relação alguma com o que realmente é, e isso, de algum modo, é problema nosso.

Essa lengalenga sobre preconceitos envolvendo estereótipos sociais sempre tem alguma relação com o fato de os indivíduos ansiarem ser mais bem conhecidos, respeitados e reconhecidos pelo que não interessa a ninguém. Na prática, são anônimos e irrelevantes, são gado social, mas querem que pensemos em sua personalidade como algo original e inclassificável, como algo que os transforma em interessantíssimos astros do cinema. Exigem que a sociedade toda seja cinéfila para que sua irrelevância brilhe. Portanto, antes de abrir a boca, devemos estar cientes de todas as miudezas de sua personalidade espetacular, devemos conhecer profundamente todas as páginas de suas vidas, do contrário estaríamos sendo preconceituosos, julgando o livro pela capa. A questão, entretanto, é que a função das capas é exatamente essa, servir como critério para um julgamento rápido, não para uma crítica literária especializada.

Como não temos tempo para abrir todos os livros, as capas nos oferecem uma primeira impressão sobre o conteúdo da obra, ou seja, a aparência da capa deve ser condizente com seu conteúdo por razões práticas, não morais. Claro que ninguém se tornará um profundo conhecedor do interior de um livro lendo apenas sua capa, mas não é esse seu objetivo. Sua função é fornecer indicações que nos permitam julgar a possibilidade de a leitura ser de nosso interesse. Escolhemos quais livros abrir ou não baseados na informação que encontramos em suas capas, não baseados em nossa visão de raio-x. Para saber do que se trata, isso basta. Por exemplo, a partir de sua capa, vemos que um livro se trata de física. Nessa situação, se em seu conteúdo há realmente física ou na verdade receitas culinárias, isso não é problema nosso. Não estaremos sendo preconceituosos ao colocar esse livro na prateleira de obras sobre ciência. Livros ou homens, todos são julgados por sua aparência, pelo modo como se apresentam perante a sociedade. Segue-se que os indivíduos deveriam preocupar-se com o fato de que na sociedade julgamos uns aos outros pela capa, e que não há nada de errado nisso.

O problema, entretanto, é que muitos usam capas que nada têm a ver com o conteúdo de suas vidas. Inventam inúmeros rodeios ridículos para esconder o fato de que se envergonham delas, e tentam também fazer com que nós nos envergonhemos das nossas para que isso os beneficie indiretamente. Nessa situação, em vez de mostrar suas caras, usam máscaras como uma forma de ilustrar que talvez não sejam o que parecem ser. Escondem a si próprios por detrás de máscaras para que não possamos julgá-los a partir de seus rostos. Fazem-no para que sejamos obrigados a aceitá-los, por assim dizer, como realmente são, isto é, às cegas, provavelmente porque têm um rosto horroroso. Porém, se conhecermos seus rostos, ainda não poderemos julgá-los, pois desconhecemos muitas outras coisas igualmente importantes, como suas almas, seu verdadeiro eu, sua marca favorita de sabão em pó e assim por diante. As evasivas são uma constante nessa questão. Apenas poderemos julgá-los quando nosso juízo coincidir exatamente com o que querem ouvir.

Se certos indivíduos gostam de usar máscaras, tudo bem. Cada qual pode ter suas fantasias, mas serão julgados em função delas, estejam certas ou não. Ninguém se dará ao trabalho de olhar as coisas mais de perto somente porque inventaram esse discurso sem sentido sobre serem vítimas de estereótipos. Quem não gosta da imagem que possui perante a sociedade que mude sua própria imagem, que mude de sociedade. Tanto faz. Isso é problema do indivíduo. O certo é que a sociedade não mudará para agradá-lo, não reformulará as regras do jogo apenas porque alguns não se sentem suficientemente favorecidos pelo que suas capas dizem sobre suas vidas. Portanto, como julgamentos são inevitáveis, quem não quiser ser confundido com um ladrão deve simplesmente evitar comportar-se como ladrões em geral, e isso é tudo.

Outro caso exemplar de falsificação e perversão de conceitos é ilustrado pelos obesos; por extensão, quaisquer indivíduos insatisfeitos com sua aparência física. Revoltados depois de falhar em sua centésima dieta, ainda feios depois da décima cirurgia plástica, alegam que devemos aceitá-los como são, mas não aos nossos olhos, e sim aos seus. Devemos vê-los como gostariam de ser, isto é, magros e belos. Afirmam ser preconceituoso não apreciarmos sua estética alternativa, da qual fazem tanto esforço para se orgulhar, como se a massa amorfa e gelatinosa que os envolve fosse um detalhe insignificante, principalmente quando o assunto é beleza. Então, antes de prosseguir, entendamos o que é beleza. Quando falamos de beleza física, vemo-la como um assunto banal, indigno de considerações filosóficas sérias. Contudo, não é, nunca foi, e todos o sabem. Se o tema sempre foi negligenciado pela filosofia, é mais provável que isso tenha ocorrido porque filósofos costumam ser feios e misantropos, não porque o assunto careça de importância.

A beleza é um ótimo exemplo dos assuntos em relação aos quais falamos uma coisa e fazemos outra. Devemos notar que, quando dizemos uma coisa e fazemos outra, essa outra coisa costuma ter muita lógica e importância, mas evitamos tocar no assunto por se tratar de um tabu. É assim que nossa sociedade pacifista e cristã lida com os instintos amorais e competitivos que possuímos, mas nunca confessamos. Para parecer politicamente corretos, falamos da beleza como algo inventado, relativo e exclusivamente cultural. Fingimos que ser belo é tão irrelevante quanto um corte de cabelo — incluindo até que quem é calvo não deve ser menosprezado em termos de capilaridade. Agimos assim porque, do contrário, os feios seriam vítimas de discriminação — e são. Isso porque a beleza é uma questão instintiva, não social. Pouco importa quanto gritemos o contrário: somos animais, e animais são assim. Se não o admitimos, isso não muda nada, só nos torna ainda mais patéticos.

Se quisermos entender a beleza, precisamos compreender sua função biológica, que não é arbitrária. Como não fomos nós que a inventamos, devemos analisá-la no contexto em que surgiu, ou seja, no contexto evolutivo. Temos de abordá-la tendo em vista sua utilidade prática. Nesse sentido, ao discutir beleza, não falamos de modelos anoréxicas desfilando em passarelas, não falamos de pinturas clássicas, de arte abstrata, de apreciação estética, mas de um elemento de nossas máquinas biológicas. Sabemos que a beleza desempenha um papel central em nossas vidas. Beleza diz respeito à saúde de nossos corpos. Trata-se de um dos principais critérios da seleção sexual. A beleza, por sua vez, está subordinada ao sexo, que é a condição de que a humanidade continue existindo. Se não fizéssemos sexo, nossa espécie deixaria de existir; se não escolhêssemos nossos parceiros com base em bons critérios, estaríamos fadados ao fracasso evolutivo. Por isso vemos sexo em praticamente tudo, por isso pensamos em sexo o tempo todo. Direta ou indiretamente, nossas vidas giram em torno de sexo. Trabalho, dinheiro, poder, prestígio, *status*: tudo isso está indiretamente relacionado ao sexo. A beleza, porém, está diretamente relacionada. Nossa capacidade de conceber o que é belo, de diferenciar entre coisas belas e coisas feias, surgiu como consequência de nossa necessidade de identificar os melhores parceiros sexuais. Somente nessa ótica compreendemos a grande importância da beleza. Delineando a atração entre os indivíduos, ela norteia a constituição genética da próxima geração. É ridículo afirmar que aquilo que determina a configuração genética da humanidade futura seja algo desimportante. Pelo contrário, do ponto de vista da vida, isso é o que há de mais importante.

Por que uma pessoa bela é considerada superior a uma pessoa feia? Pelo mesmo motivo que uma pessoa doente é considerada inferior a uma saudável. Em essência, uma pessoa bonita é uma pessoa saudável, e quem é saudável tem mais chances de sobreviver, ou seja, possui bons genes, que é o que queremos para nossos filhos, mesmo que não percebamos isso tudo conscientemente. Esse é o verdadeiro alicerce do assunto. Não faz sentido relegar a questão da beleza a algo de importância secundária apenas porque não há consenso sobre uma suposta beleza ideal. Não há consenso sequer sobre refrigerantes. Ideais são coisa de teólogos. Estamos falando de realidade, de como a vida funciona, não de moral, religião ou política.

A ciência já demonstrou que não somos, como gostamos de pensar, infinitamente maleáveis quanto ao que consideramos belo. Temos pouca escolha nesse particular, como qualquer outra espécie. Somos norteados por critérios preestabelecidos pela evolução biológica, e é por isso que não nos sentimos sexualmente atraídos por chimpanzés. As divergências que existem dentro dessa questão dizem respeito a detalhes de pouca importância. Se gostamos mais de loiras, morenas ou ruivas, isso é irrelevante. Do ponto de vista biológico, o importante é que não nos apaixonemos por uma pessoa porque ela tem câncer, pois isso sim seria prejudicial. Curiosamente, sobre isso sabemos que há consenso até entre os relativistas.

Então, quando o assunto é beleza física, discutimos apenas sobre detalhes banais, nunca sobre questões fundamentais. Ninguém discute se um amputado é mais ou menos belo que uma pessoa normal, apenas tentamos fazer de conta que isso não importa. Diferentes culturas divergem sobre diferentes banalidades, todas elas irrelevantes ao propósito da perpetuação. Nosso amor por irrelevâncias é irrelevante porque, por detrás das divergências superficiais, há um consenso universal. Portanto, falamos de uma beleza real, que diz respeito à nossa natureza biológica, cumprindo uma função muito clara e concreta. Segue-se que a beleza é algo de suma importância.

Tendo isso em mente, perguntemo-nos: de qual cabeça oca podemos supor que nasceu a sublime ideia de que a aparência física não importa? De uma que não a tinha e, cheia de rancor, culpou a exterioridade, o mundo das aparências. Como a beleza é uma realidade biológica de valor autoevidente, a única saída — para os que não dispõem dela, mas que, como todos, precisam vender seu peixe — é a calúnia; e como eles próprios não acreditam em nada do que dizem, há sempre um clima tenso de vergonha e autorreprovação envolvendo seu discurso. Porém, como não podem disputar em igualdade de armas, a saída é jogar sujo. Por esse motivo teceram filosofias eloquentes sobre a futilidade do exterior. Suas palavras escondem a sordidez do ressentimento, em cujas entrelinhas lê-se: sou miserável, por isso todos também devem ser. Tentam negar o valor patentemente real, biológico, concreto e definido da beleza física para, assim, valorizar o interior que, por acaso, é só o que têm. São como crianças pobres que quebram os brinquedos das ricas na esperança de que ambas passem a jogar amarelinha, que é o seu jogo, o único no qual podem vencer.

Porém, como um indivíduo afortunado pode ser bonito por fora e por dentro, belo e inteligente, tiveram ainda de exigir os direitos autorais do plágio que copiou a beleza exterior à interioridade, ou seja, quem tinha a beleza exterior perdia o direito à interior, quem tinha o corpo perdia o direito à alma. Foi assim que o *dentro* e o *fora* se tornaram inimigos mortais, e acontece o mesmo na aparente oposição entre força física e intelectual, como se um indivíduo musculoso não pudesse ser também inteligente. Se isso fosse verdade, todos os gênios seriam anêmicos, a África seria o maior nascedouro de filósofos e cientistas brilhantes. Quem quisesse se tornar mais inteligente, em vez de estudar, apenas se engessaria. Percebamos então que esse conceito de beleza interior, quando propriamente analisado, releva-se algo completamente sem sentido — exceto caso tenhamos alguma fixação mórbida por vísceras pulsantes. Porém, como os feios não o admitem, já que essa mentira contribui ao seu ganha-pão, o resultado é que agora temos duas belezas antagônicas: uma real e outra desmembrada em conceitos abstratos confusamente equivalentes à beleza física no mundo imaginário dos que se recusam a admitir que isso se chama personalidade.

Tais exemplos bastam. Agora pensemos nos casos ilustrados acima com um pingo mísero de honestidade e nos perguntemos: que diabo tem isso tudo a ver com preconceito, com ser incapaz de distinguir a relação entre os fatos corretamente, com raciocinar mal? Nada, precisamente nada. Quem porventura afirmasse que não gosta de carros cor verde-musgo estaria sendo preconceituoso? Se o fato de considerarmos obesos feiosos significa que somos preconceituosos, então se os considerássemos belos também? Pelo amor! Parece que os injustiçados não perderam apenas sua dignidade, mas também seus cérebros. Contudo, pouco adianta explicar ou discutir definições de estética: estamos errados. Depois que a fé pessoal coloca a verdade no cabresto, não resta nada a ser dito: seja feita a vossa vontade, mas bem longe de nós, que prezamos a saúde de nossos olhos.

Um pensamento realmente preconceituoso seria julgar que carros cor verde-musgo nunca trombam em esquinas; que os gordinhos são todos amáveis e alegres; que, devido à pele de um indivíduo ser negra, sua alma é de larápio; que o cabelo claro especificamente loiro indica burrice, mas só em mulheres; que todo ateu é imoral porque não acredita numa entidade superior; que todo religioso, porque tem fé, é bondoso e honesto; que pessoas de óculos são inteligentes; que passar por debaixo de escadas ou quebrar espelhos dá azar; que o número treze carrega em sua essência um quê de terror; a lista vai ao infinito, e além. Isso tudo, obviamente, são preconceitos, mas tal fato não implica a inexistência de gordinhos amáveis, negros larápios ou loiras burras e, contrariamente ao que se pensa, preconceitos podem ser positivos ou negativos, insultuosos ou elogiosos, dependendo somente da parvoíce que dissermos. Esse tipo de raciocínio não é falho por suas conclusões serem necessariamente impossíveis no mundo real, mas porque nenhuma das partes do argumento tem qualquer relação inteligível entre si, e muitas vezes até faltam partes. A estrutura lógica do argumento é um amontoado de imbecilidades desconexas, parecendo um salto de fé que ignora a necessidade de premissas verdadeiras e infere magicamente uma conclusão absurda para justificar uma generalização grotesca que sempre beneficia quem profere tal sandice.

Ser preconceituoso não é ter a alma impregnada de perversidade e malícia, mas raciocinar mal, fazer inferências sem nexo e proceder de forma cega, ignorando os fatos insistentemente. Trata-se de um comportamento efetivamente supersticioso. Todavia, admitamos que, em essência, nada há de errado nisso, pois ninguém é obrigado a pensar coerentemente ou sequer prestar satisfações a esse respeito. Podemos ser tão ilógicos quanto quisermos, mesmo que isso nos mate. Mas também saibamos admitir que o preconceito nada tem a ver com o fato de estarmos imersos nessa confusão violenta de todos contra todos. Esse discurso moral em defesa de um mundo justo, igualitário e livre de preconceitos nunca passou de um ardil, da mais pura hipocrisia. Todos gritam seus ideais quando e enquanto convém. Porém, uma vez ouvidos e satisfeitos, já não ouvem mais nada. Apenas agora percebemos que seus ideais eram um pretexto, que eles próprios nunca acreditaram em nada do que defendiam. Como qualquer advogado, seu objetivo não é alcançar a justiça, mas vencer o caso, conquistar benefícios.

As máscaras já caíram. Porém, antes de finalizar o assunto, recobremos o bom senso e digamos algumas palavras prudentes nessa questão. O que poderia ser dito, por exemplo, a respeito das minorias discriminadas? Suponhamos que, por uma particularidade qualquer, sejamos tratados diferentemente pela sociedade, e que isso nos incomode. Nessa situação, tudo o que podemos exigir é igualdade, porém sem quaisquer benefícios especiais. Obviamente, falamos de igualdade no sentido de tolerância às diferenças. Não podemos exigir que todos sejam tratados em função de uma igualdade perfeita e absoluta, pois isso é simplesmente uma ideia estúpida. Os homens não são iguais. Podemos apenas exigir igualdade suficiente para que consigamos viver em paz.

Pensemos no caso dos direitos dos ateus. O que ateus podem exigir da sociedade? O direito de ser irrelevantes. Parece estranho, então exemplifiquemos. Um ateu pode apenas exigir que, digamos, ao ir a uma frutaria, tenha o direito de escolher o suco que bem entender, bebê-lo, pagá-lo, receber o troco, colocá-lo no bolso e partir sem ser questionado sobre os porquês de sua descrença na origem divina do universo. Sendo razoáveis, isso é tudo o que podemos esperar. Não queremos, enquanto ateus, receber descontos na compra de laranjadas, ou que se cobre mais de religiosos. Queremos simplesmente ser vistos como cidadãos comuns, que a sociedade tenha tolerância quanto ao ateísmo, de modo que o fato de sermos ateus seja tão irrelevante quanto o fato de outrem ser religioso.

No mais, se nossa descrença diz respeito à religião, só faz sentido que sejamos tratados diferentemente no que diz respeito à religiosidade. É perfeitamente lógico que não possamos, por exemplo, nos casar em igrejas ou participar de grupos de oração. Sendo ateus, aceitamos tais implicações com a maior boa vontade, pois simplesmente fazem sentido. Em tais questões não haveria sentido em exigir igualdade. Pelo contrário, seria absurdo esperar que, no tocante à fé, ateus fossem tratados como religiosos, assim como seria absurdo esperar que indivíduos feiosos fossem tratados como belos no tocante à beleza. Ateus devem ser tratados como ateus; religiosos como religiosos; feiosos como feiosos; belos como belos. Mas tudo em seu devido contexto. Nessa situação, o preconceito surgirá apenas se permitirmos que as coisas se misturem. Por exemplo, se acreditarmos que, pelo fato de um indivíduo ser ateu, também é feio. Apenas isso seria um preconceito, isto é, uma generalização indevida.

Não temos fé, e não damos a mínima se a Igreja considera o ateísmo errôneo para com os profetas. Porém, enquanto ateus, não queremos ser julgados pelo que não tem relação alguma com religiosidade. Não queremos ser forçados a mentir sobre nossas opiniões em entrevistas de emprego, durante conversas, e assim por diante. Esperamos que um indivíduo, ao declarar-se ateu, não cause espanto algum, que os demais não reajam com perplexidade, dizendo: *pelos céus, ele é ateu!* Ao dizer que somos ateus, esperamos que os demais recebam tal afirmação com naturalidade, sem espanto, assim como ninguém se espanta ao ouvir que certo indivíduo é católico, evangélico ou espírita. É apenas nesse sentido que entendemos a igualdade, e exigir mais que isso seria injusto para com os demais. Para percebê-lo, basta pensar do seguinte modo: para os ateus, a vida não tem sentido. Isso é problema de quem? Problema dos ateus. Se somos ateus, problema nosso, e não importa se tal fato nos entristece ou desmotiva. Isso não é culpa dos religiosos.

Agora, para ilustrar tal situação perante a sociedade, suponhamos que a consciência da ausência de sentido nos cause depressão. Isso nos dará o direito de exigir que recebamos medicação gratuita para tratá-la? Teremos o direito de exigir que a sociedade custeie a manutenção de uma instituição voltada exclusivamente aos ateus com o nobre fim de amenizar os dissabores de uma existência sem sentido? Poderemos exigir que ateus devam cumprir jornadas de trabalho mais curtas por viverem angustiados? Será justo processar um padre que se recuse a casar, perante os olhos de Deus, um casal de ateus? Podemos ser ateus, mas é ridículo exigir compensações da sociedade pelo fato de a existência não ter sentido e isso nos entristecer, e o mesmo se aplica aos demais: não podem exigir compensação da sociedade por um problema que só diz respeito a eles próprios.

Isso é puro e simples bom senso, mas ai de nós se o levarmos adiante. Não importa que estejamos com a razão: tornou-se um crime contrariar as pobres minorias injustiçadas. Elas se querem intocáveis. Até a sensatez fere sua dignidade, seu sentimento delirante de importância. Somos vistos como monstros intolerantes ao afirmar que não têm direito a quaisquer dos benefícios especiais pelos quais lutam. Somos maus porque não gostamos de sanguessugas, porque julgamos injusto que a maioria tenha de se dobrar aos caprichos gratuitos de uma minoria de ineptos, que parecem julgar humilhante resolver eles próprios seus problemas. Não somos assim por falta de sensibilidade. Entendemos seus sofrimentos, mas não tomamos as dores de hipócritas. Percebemos que não estão apenas pedindo ajuda: são mentirosos que pedem ajuda, e querem nos obrigar a ajudá-los. Se não aceitamos seus argumentos, é pelo simples fato de que são falsos. Não vemos por que apelos à piedade deveriam obliterar a inteligência.

Os insatisfeitos podem lamuriar o quanto quiserem: nada há de preconceituoso em nutrir opiniões que não agradem a todos os indigentes que gostariam de ser agradados; nada há de preconceituoso em não reconhecê-los pelos méritos que não possuem. Porém, escudados pelo discurso da igualdade, conquistaram o direito de defender o que bem entenderem, mesmo que se trate de uma imbecilidade sem tamanho. Tornaram suas mentiras obrigatórias: eis sua justiça igualitária. Agora só podemos discordar em pensamento se não quisermos ser presos. Então, enquanto cidadãos decentes, devemos fingir que todo homem, pelo simples fato de ser homem, tem a obrigação de levar a sério esse teatro de socialistas leprosos.

DESESPERANÇA

É impossível simpatizar intuitivamente com o conselho *carpe diem* — aproveite o dia, viva como se não houvesse amanhã — apregoado pelos que passaram por alguma experiência de quase-morte e, agora, dizem ver o mundo com novos olhos. A princípio, tal conselho não faz sentido algum, não somente porque, do modo impreciso como nós é apresentado, não diz absolutamente nada, mas também porque é efetivamente idiota. Quem possuir dúvidas sinceras quanto a isso, grite *carpe diem!* num velório.

Pensemos, por exemplo, num cigarro. Ninguém em sã consciência compra um maço deles e diz "hei de fumá-los, prazerosamente, um por um, como se fosse o último, como se não houvesse amanhã". Por mais que soe agradável, não conseguimos extrair dessa ideia nenhuma satisfação. Trata-se somente de uma forma poética de dizer algo inútil. Ademais, ninguém é capaz de acreditar honestamente que não haverá amanhã — ou agir como se não houvesse — sem um motivo razoável como um acidente iminente, uma bomba armada ou uma arma apontada à cabeça. Tornar-se convicto de que não haverá amanhã é tão impossível quanto apaixonar-se voluntariamente. Ainda assim, se fôssemos visceralmente tomados pela ideia de aproveitar o dia como se não houvesse amanhã, de fazer tudo o que temos vontade, provavelmente nos embrenharíamos em alguma patetice suicida da qual, caso sobrevivêssemos, nos arrependeríamos amargamente numa cadeia ou numa cadeira de rodas. Isso é um surto psicótico, não sabedoria.

Todavia, como essa ideia tem muitos representantes, é razoável supor que nela possa haver algo de concreto. Como quase tudo em que os humanos acreditam está envolto em palermices poéticas que nem eles próprios compreendem claramente, nem sempre é fácil chegar ao que é propriamente o objeto da crença, o motivo real de abraçarem. A maioria abraça a poesia envolvente e ignora o resto, ou seja, aquilo que, de fato, funciona — como quem se sente bem ao fazer exercícios, sem compreender que o bem-estar vem das endorfinas, não dos movimentos, do esforço ou da saúde vindoura. Sempre nos foi comum confundir causas e efeitos.

Pensemos sobre a experiência de quase-morte. O que nos faz passar a gostar da vida depois de escapar da morte por um triz? O que muda quando sofremos um acidente? Objetivamente, nada. Porém, subjetivamente, somos reduzidos, num instante, de deuses a mendigos. Completamente indigentes, o instinto de sobrevivência nos faz implorar e agradecer por qualquer migalha. Assim, quando sobrevivemos, tal experiência faz com que nos sintamos felizes por qualquer coisa que nos reste, mesmo que não reste coisa alguma. O simples fato de estarmos vivos parece nos haver sido dado como um presente, como uma reafirmação do valor da vida. Nessa situação, diante da enorme quantidade de males podem nos acometer, diante de fragilidade da vida, o fato de havermos sobrevivido toma o aspecto de um astronômico golpe de sorte. Ficamos imensamente gratos pela segunda chance que recebemos, e queremos aproveitá-la ao máximo. Antes éramos arrogantes; agora nos tornamos humildes, gratos por qualquer lixo que tenhamos em nossas mãos.

A explicação para tal fenômeno é simples. Todos conhecem o velho ditado segundo o qual não valorizamos uma coisa até que a tenhamos perdido, e é exatamente esse o caso. Isso acontece porque nunca valorizamos a própria coisa em si mesma, mas a ausência de sofrimento de que desfrutávamos até perdê-la. Não o amor, mas a dor nos faz valorizar o objeto perdido. Trata-se do mesmo princípio que torna os alimentos mais saborosos quando estamos famintos: só conseguimos amar o que nos falta, só protegemos o que podemos perder. Então, se quase perdemos nossas vidas, o que isso significa? Que não a estávamos protegendo suficientemente bem. Qual é a reação mais lógica diante disso? Fazer com que gostemos mais da vida para que passemos a protegê-la melhor. Trata-se de uma reação de autodefesa que nos parece amor à vida, mas que na verdade é medo. Passamos a valorizar a vida não porque esta tenha algum valor intrínseco, mas porque fomos confrontados com a morte que, biologicamente, equivale a uma dor infinita. Trata-se de uma espécie de lição de moral biológica. Esse óbvio erro de cálculo nos leva a crer que, diante da vida, o valor das demais coisas é ínfimo. Então, se a prioridade é viver, isso significa que já possuímos o maior dos tesouros batendo em nossos peitos, e a consequência indireta disso é a humildade.

Há muita confusão em torno do assunto, e todos os testemunhos emotivos a respeito das mudanças que se seguem ao acidente fazem parecer que se trata de uma espécie de conversão religiosa, mas não é nada disso. O fato é que continuamos a viver, porém com essa ótica de mendigos traumatizados, abraçados aos seus diamantes falsos. O *carpe diem* pode, portanto, ser entendido como a filosofia acidental da mendicância virtuosa. Equivale, irracionalmente, à compreensão racional de que, quando somos muito ambiciosos, nossa satisfação depende de muitas coisas que podem desandar facilmente. Quando, por sua vez, a felicidade depende somente de coisas simples, é quase certo que seremos sempre felizes. Passamos a nos contentar com pouco porque o acidente deslocou o ponto de satisfação ao ponto de indigência. Nessa situação, tudo o que nos era indiferente passa a parecer bom, quase uma dádiva: sorrimos até no fundo do poço; tudo o que queremos é viver. Não foi, contudo, a vida que se tornou boa, mas nós que nos tornamos menos estúpidos sem merecê-lo — mais sábios na prática, sem entendê-lo. O *carpe diem* é a ótica de quem alcançou uma serenidade parcial por acidente, não pela inteligência. Adotam uma postura sensata sem entender o porquê. Por isso não conseguem explicá-la aos demais com clareza, limitando-se a exclamar seu mantra pelos quatro cantos do mundo.

Portanto, como os acidentados não podem fazê-lo, esclareçamos o processo nós próprios. Voltemos à vida que tínhamos antes do acidente que nos tornou humildes e tentemos chegar à mesma posição racionalmente. Isso nos permitirá entender por que uma mera mudança de ótica pode tornar a vida muito mais suportável. O ponto de partida é simples: estamos insatisfeitos com o presente. Olhamos para o futuro e temos a impressão de que não conseguimos ver nada. Isso é realmente triste, mas o problema não é que não enxergamos. Conseguimos ver tudo, e muito bem, porém esperamos dessa visão do futuro algo espetacular. O que não conseguimos ver, na verdade, é o algo espetacular que esperamos, mas continuamos a esperar. Como esse algo, naturalmente, nunca acontece, seria lógico ponderarmos se não estamos equivocados quanto às chances reais daquilo que esperamos concretizar-se, mas preferimos nos fazer de cegos a aceitar o que vemos. Se ainda tivermos dúvida de que se trata de um autoengano, só precisamos nos lembrar do que enxergávamos quando, no passado, igualmente nos indagávamos sobre o futuro e, também igualmente, víamos à nossa frente essa mesma penumbra cinzenta que tediosamente nos trouxe até aqui. A situação é idêntica, mas toda a nossa experiência de vida não nos prova nada.

Assim, em vez de usar os olhos, começamos a devanear: talvez estejamos apenas iludidos; talvez a alegria esteja logo ao lado, esperando-nos para desmentir o que sempre foi a nossa vida; talvez o mundo todo esteja certo ao estar errado e acreditar na felicidade. Não importa quão ridículos sejam os pretextos: continuamos acreditando que a chegada do impossível é uma mera questão de tempo. Sabemos que é impossível porque isso nunca ocorreu nem a nós mesmos, nem a ninguém, mas disso também nos empenhamos em esquecer para preservar nossas mais descabeçadas ilusões, repetindo mecanicamente algum chavão sem sentido até alguma ocupação nos tirar essa ideia angustiante da cabeça.

Nesse processo, cada vez em que nossas ilusões perdem suas forças, em vez de aceitar sua morte, aplicamos-lhes uma massagem cardíaca otimista, dizemos para nós mesmos: tenha fé, tenha força, tenha vontade, tenha paciência etc. Estamos certos de que basta continuar caminhando, e um dia alcançaremos o horizonte. Não conseguimos, entretanto, nos enganar o tempo todo e sem parar. Como está bem diante de nossos olhos, em algum momento veremos a verdade, e isso desmonta a motivação. Agora estamos de olhos abertos diante do óbvio, e cai sobre nós a esmagadora consciência de que nossa vida realmente é aquilo que estamos vivendo: uma patetice. Uma realidade evidente, porém demasiado amarga: não conseguimos negá-la, porém tampouco suportá-la. Qual é a solução? Fechar os olhos e cruzar os dedos. Diante do impasse entre a verdade e a ilusão, ficamos sempre com a última, pois damos mais importância ao que esperamos da realidade que à própria realidade. Assim, como o presente sempre nos parece absolutamente detestável, e como esperamos muito da vida, continuamos a acreditar que o agora não é nada perto do que há de vir. Por mais que os fatos nos mostrem o contrário, a hipótese de que nossas vidas sempre serão apenas isso nos parece absolutamente ridícula. Sabemos que um dia será diferente, porém por motivos que não sabemos explicar. Pois, se assim não for, melhor seria desistir de tudo. Sentimos que nossos esforços, em si mesmos, não valem nada. Então, para justificá-los, usamos o futuro.

O presente, então, pode ser insípido, mas o futuro haverá de ser fantástico, e sempre nos brilha com uma diferença cativante. Mesmo que não tenhamos a menor ideia do que o futuro nos reserva, sabemos que será diferente, será magnífico. Simplesmente exigimos que essa diferença exista, pelo menos em nossa imaginação, pois a vida não pode ser só essa sucessão despropositada de eventos mesquinhos que cabem na vulgaridade do dia a dia. O problema, todavia, é que não só pode ser, como é, e nós testemunhamos isso diariamente, apesar de fecharmos os olhos da alma para que nossa esperança não veja a cena e morra de desgosto. Reafirmamos a nós mesmos que essa realidade só pode ser uma ilusão, pois não condiz com nossos sonhos, e continuamos convictos de que fechar os olhos é o melhor meio de levar a vida adiante até que comece a verdadeira felicidade que nos foi prometida nos livros de autoajuda.

Nesse processo de autoengano, nutrimos esperanças tolas que nos fazem acreditar que num futuro inespecífico — para o qual estamos caminhando — a realidade do viver haverá de transmutar-se da constante ansiedade da insatisfação com o presente para um agradável estado de serenidade, aquele dos velhinhos de chinelos, sentados nas varandas lendo o jornal, em que preocupar-se é somente uma opção, não um tormento. E para chegarmos a esse futuro a tempo de aproveitá-lo? Precisamos correr, correr muito, *run like hell!* Assim o fazemos por longos anos. Muitas cãibras depois, cansados de correr, paramos para descansar, e a sensatez acaba nos alcançando. Começamos a pensar, e percebemos que já faz muito tempo que corremos, e nunca chegamos a nada com esse desespero encharcado de suor. Eis que dos céus do mais cristalino bom senso se derrama sobre nós a luz da verdade, e tudo se torna claro: somos perfeitos idiotas.

Aqui entra a questão do *carpe diem*, não como a solução mágica que fazem parecer, mas como um raciocínio óbvio, porém capaz de explicar a razão pela qual nunca nos damos por satisfeitos. A satisfação ou insatisfação para com a vida está estreitamente vinculada à nossa expectativa. Se esperamos que o mundo se dobre de joelhos perante nossa presença somente porque corremos a vida inteira como dementes, isso não é senão um fato lamentável, e não espanta que com isso sempre tenhamos sido infelizes. Nossa vida é o que vivemos, não o que esperamos viver. Depositando tudo no futuro, nossas expectativas nos sugam para fora de nós mesmos, tornando-nos ainda mais desgraçados. O presente sempre será miserável, mas se torna ainda mais quando deslocamos o centro de gravidade da vida para um futuro no qual nunca estaremos.

Diante disso, a única solução consiste em abandonarmos a inocência de pensar que, um dia, sem nenhum motivo, os cigarros serão saborosos como se fossem os últimos, o *kit* jornal-varanda-chinelo possuirá uma serenidade inerente da qual desfrutaremos plenamente todas as manhãs, todo sono será profundamente ininterrupto e, assim, inabalavelmente calmos, conseguiremos, a caminho do trabalho, passar pelos jardins e apreciar com plenitude a beleza das flores e o canto dos passarinhos com aquela morbidez platônica caracterizada pela desatenção de um olhar vago e distante que esboça um sorriso também vago e distante, ignorando totalmente o fato de estarmos vendo isso tudo pela janela do carro, presos no engarrafamento.

Quando somos tão ingênuos, a vida nunca nos deixa de passar a perna. Por mais miserável que seja, estamos trancados no presente, e só nos resta aceitá-lo. Para ilustrá-lo, retomemos o exemplo inicial do cigarro. Seja no agora, seja no futuro, o cigarro sempre será um cigarro, com suas misturas diversas de fumo, que temos de acender e ficar tragando. Se o acendermos pensando que isso nos transportará fantasticamente ao mundo do *cowboy Marlboro*, onde tudo é uma aventura maravilhosa e sem fim, podemos somente estar certos de que nos sentiremos perfeitos idiotas depois da segunda ou terceira tragadas. Dotado da mais pura realidade, nosso cigarro vai queimar por alguns minutos, enfumaçar o ambiente, desprender algumas cinzas e transferir ao nosso corpo um bocadinho de nicotina; isso é tudo. Entretanto, quando mesmo assim não nos damos por satisfeitos com os resultados e, por algum motivo mirabolante, insistimos que na verdade precisamos fumar vinte vezes mais fazendo certa pose para vivenciar o verdadeiro *resultado*

Marlboro em toda a sua intensidade, podemos apenas supor que nosso futuro não será algo muito diferente de uma infelicidade carcinogênica. Se o exemplo utilizado nos parece ridículo, basta substituirmos *resultado Marlboro* por *felicidade*, e veremos como isso é sério.

Desaprender a infância é a desilusão essencial da vida. O mundo não é um lugar mágico, é um lugar físico: não vai nos dar presentes gratuitamente para ver nossos sorrisos, e nosso sofrimento não vai compadecê-lo absolutamente, tampouco nos dar o direito de exigir ressarcimento por nosso infortúnio. Não nascemos para ser felizes, e isso é um fato. Nossa felicidade é um objetivo nosso, não do mundo. Se isso fosse o objetivo primordial da existência, nasceríamos felizes e morreríamos contentes na própria maternidade. O desencanto da vida adulta consiste em aprender lidar com essa situação sem exigir que um mundo impessoal nos trate com a gentileza que sentimos merecer somente porque somos vaidosos e egocêntricos, acreditando nos elogios dos demais até quando sabemos tratar-se de uma mentira óbvia. Cegueira é a única consequência de priorizarmos a vaidade no processo de levar a vida adiante, pois acreditar que sejamos importantes demais para esta reles realidade terrena só faz com que, por desdém, permaneçamos ignorantes sobre as verdades mais elementares. A necessidade de não nos iludirmos só passa a ser sentida como uma responsabilidade pessoal quando compreendemos que o mundo realmente não se importa conosco, que estamos sozinhos. Apenas então nos arrependemos de haver aceitado, tantas e tantas vezes, conselhos que sabíamos ser falsos, acreditando que a pessoa que os dava sempre estaria lá para nos proteger da realidade. Se algo em nós sempre nos dizia o contrário, esse algo era a sensatez.

Assim, se pegarmos todas as experiências e sensações que já tivemos e as considerarmos honestamente — como realmente foram, não como as contamos aos demais tentando impressioná-los sobre como nossa vida é melhor —, perceberemos que, se não predeterminarmos que o mundo deve manifestar uma perfeição proporcional à nossa sensação metafísica de importância, não haverá tanta frustração quando um descuido nos faz acender o filtro do cigarro, não sentiremos que o mundo é um caos porque o pneu furou, porque o café está frio e sem açúcar, porque a energia elétrica acabou, porque alguém morreu etc. Se comprarmos uma obra de arte milionária e, embriagados pela estética magnífica, nos apressarmos em pendurá-la, cravando um prego bem onde passa o encanamento de água, seremos lembrados de que as paredes não ligam para a arte nem para nós. Essas coisas acontecem porque a vida é assim. Acreditar que tais coisas não podem ou não deveriam acontecer só prova que estamos nos comportando de um modo completamente estúpido, fazendo um esforço monumental para ignorar a realidade. Ora, isso acontece o tempo todo, todos os dias. Se não devessem acontecer, simplesmente não aconteceriam, pois necessidades físicas não estão preocupadas em nos paparicar.

Os anos se passam, mas a vida sempre será isso que, com justificável desprezo, chamamos de presente. É inútil negar esses fatos, acreditando que, se tivermos filhos, ou se realizarmos qualquer outro sonho, a vida virará do avesso e nos servirá de bandeja até nos darmos por satisfeitos e dormir sob uma lápide de granito. Nada vai mudar, e o verdadeiro mistério da vida é como conseguimos ser tão cegos. Em essência, depois de realizar um sonho, tudo o que teremos é um sonho a menos. Se isso nos parece perda de tempo, então ao menos admitamos que nossos sonhos são sem sentido, que não servem para nada além de povoar um mundo poético cuja função é perpetuar o autoengano. Nossos sonhos só são importantes para nós, e não nos dão o direito de reinventar as regras do mundo. Pouco importa se isso nos desaponta. Se compramos realidades falsificadas, não deveríamos nos espantar que não funcionem como a original.

Embora insistamos em ignorá-la, a saída lógica desse problema é simples: esperar que aconteça o que de fato acontece, ou seja, admitir que nossos sonhos nunca nos darão a satisfação que queremos. A outra opção é passar a vida inteira resignados como uma vítima deste mundo real, material, cruel e injusto. Um mundo do qual seremos redimidos por um fator externo miraculoso que incorpora todos os nossos desejos não-realizados. Por exemplo, a segunda volta do *pop star* do cristianismo, recompensando-nos com bemaventurança por havermos vivido ansiosamente como imbecis sem rumo. Pode parecer quase surreal que, para proteger uma grande ilusão, inventaram outra ainda maior. Contudo, é fato: realmente se acredita nisso. Prefere-se abraçar duas ilusões absurdas a aceitar a realidade mais elementar, que está bem diante de nossos olhos.

Quem pensar que tal argumentação se reduz a uma blasfêmia gratuita de um ateu imoral, então abra sua Bíblia e leia o Evangelho com atenção: verá que o reino dos céus não é apresentado como um lugar real para o qual ganhamos um bilhete de entrada depois de batermos as botas como bons cristãos, mas um estado de espírito sereno, um modo modesto de encarar a realidade. Originalmente, o cristianismo não era algo tão venenoso, essa negação monstruosa da realidade que vemos nos dias de hoje, mas a ideia de que devemos levar uma vida simples e sem grandes pretensões, ou seja, não era uma segunda ilusão maior ainda, mas uma tentativa malsucedida de desfazer também a primeira, de desiludir os homens de seus sonhos impossíveis e inúteis. Por isso diz-se que o paraíso é dos humildes, e por isso diz-se também que o evangelho morreu na cruz, pois quase ninguém entendeu a mensagem. Pelo contrário, depois de tantas falsificações, acabaram a interpretando da pior forma possível, como uma missão grandiosa, coisa que faz dela uma má-nova.

Claro que isso não implica que os valores cristãos sejam dignos de qualquer consideração séria, pois essa coisa chamada cristianismo já está mais vazia que a caixa de Pandora. Se, de início, foi apenas uma tentativa bastante infantil de alcançar a serenidade, agora se transformou em algo completamente ridículo, que nos distancia ainda mais dessa possibilidade, tanto que, no sistema cristão, só podemos concebê-la numa outra vida, no além. Assim, em vez de remediar a dor causada pela ilusão de um futuro grandioso e impossível, o cristianismo converteu-se numa versão ainda mais aguda dessa mesma ilusão. Chegamos à conclusão de que, neste mundo, devemos apenas sofrer por ser pecadores, sendo que o próprio sofrimento era o pecado original. A salvação era viver em paz. Seja como for, a ideia de que seremos satisfeitos e recompensados depois da morte é tão descabida que ninguém consegue acreditar nela na prática, nem o cristão mais devoto e demente. Alguns podem dizer que acreditam, gritar que acreditam, se flagelar e jejuar para tentarem provar aos demais que acreditam. Contudo, se acreditassem mesmo, do fundo de suas almas, quando sofressem um acidente chamariam um padre, não uma ambulância.

Apesar de toda a sua megalomania, o homem é só um pobre mamífero jogado neste mundo absurdo, quase sempre sem entender bulhufas do que está acontecendo. Um mamífero sem sentido que acredita precisar de sentido; que, como qualquer outro, é cheio de necessidades, impulsos, sentimentos e desejos que serão frustrados frequentemente; repleto de ideias, teorias e crenças nas quais muito se mostrará errado; preso a angústias, dores e misérias que serão consistentemente reais.

Apenas agora conseguimos reconstituir racionalmente o bocado de realidade que a ideia do *carpe diem* abriga. O lado funcional dessa postura, como vemos, consiste em podar as esperanças para que o peso das expectativas não nos esmague. Poderia, numa sentença, ser resumido desta forma: *não use somente o cérebro, mas também os olhos*. Desse modo, o significado real, aquilo que funciona, não é a ideia de aproveitar o dia como se não houvesse amanhã, mas pensar o hoje como se já fosse amanhã, como se já estivéssemos no futuro com o qual sonhamos. Essa ótica nos faz perceber que o futuro será também um agora: deixa de haver uma ruptura brusca entre ambos; tornam-se uniformes. O porvir passa a ser encarado como um longo agora. Apenas assim situamos o foco de nossa atenção não num vasto futuro incerto, mas num ínfimo e real momento presente que se prolongará indefinidamente. Portanto, para colher os benefícios dessa postura não é preciso sofrer acidentes nem negar o futuro, mas apenas aceitar o presente. Ao contrário do que parecia à primeira vista, a questão não tem relação com a valorização da vida, mas com a aceitação do presente.

Nessa situação, a realidade imediata e nossas expectativas convergem numa só coisa e, quase magicamente, nos sentimos satisfeitos com o presente, seja qual for. Não porque este seja bom, mas porque não temos outra escolha, nunca teremos — e, quando não temos escolha, já não nos inquietamos em buscar algo diverso. Paramos de tentar transcender o presente, paramos de vê-lo como um problema a ser solucionado pelo futuro e passamos a vê-lo como um fato incontornável. Há algo de confortante nessa postura estoica perante a vida, pois com ela limitamos nossos esforços àquilo que pode ser mudado, limitamos nossas preocupações àquilo que temos diante de nós. Abandonamos, no agora, nossos sonhos sobre um mundo melhor, sobre como as coisas poderiam ser, pois não são. Aceitamos que o presente é tudo o que temos, tudo o que sempre teremos. Se isso soa mais convincente, é apenas porque resgata o que há de real nessa postura. Se, por um lado, alivia nosso sentimento de insatisfação com o presente, por outro, não nos livra da dor de nossas necessidades, nem deveria. O fato de nos deixar mais atentos à verdadeira fonte de nosso sofrimento já está de bom tamanho.

Essa mudança corretiva em nossa ótica torna a vida muito mais suportável, pois deixamos de sofrer além do necessário, soltamos um fardo inútil que havíamos colocado sobre nós mesmos. A vida não se torna boa, apenas menos desgraçada. Contrariamente aos acidentados, sabemos que o que sentimos é alívio, não felicidade. Porém, por havermos procedido racionalmente, não apenas praticamos a arte de viver com leveza, mas também a entendemos: toda esperança é venenosa, pois desmente o que sabemos sobre a realidade — desesperança é o que nos permite viver em paz. O que os acidentados chamam de humildade, nós de desilusão; o que chamam de felicidade, nós de serenidade. Não somos virtuosos, apenas sensatos: recebemos do bom senso a lição que receberam do acaso. Sendo que alcançamos essa postura pela inteligência, não cometemos o equívoco de substituir a ilusão do futuro grandioso por outra ilusão, a do valor da vida. Apenas nos desiludimos, e só. Não valorizamos, como beatos da biologia, a vida porque temos medo, mas a quietude, porque ela não vale nada.

Não temos mantras, não pregamos superstições, não vivemos sabedorias de mendigo. Temos filosofia, temos ciência; não queremos nos enganar. Pelo contrário, aceitamos a condição humana, tivemos a coragem de confrontar esse acidente honestamente: destruímos o valor da vida. O resultado foi o mesmo, mas isso não nos aleijou a inteligência. Paramos de correr não por possuir um intelecto paraplégico, mas porque existir é andar em círculos. Deitamos ao chão as pesadas mochilas repletas dos sonhos que usaríamos quando saíssemos deles. Não temos futuro, e não há nada a ser feito quanto a isso. Viver é rodopiar inutilmente até cair numa sepultura.

SERENIDADE

A vida é algo extremamente simples, muito mais do que supomos, mais do que estamos dispostos a aceitar, quase dolorosamente óbvio. Contudo, fácil de ser compreendido, não de ser vivido. A dificuldade central consiste em suportá-la, pois se trata essencialmente de uma luta inútil pela existência, não de um passeio turístico inútil. Naturalmente, a vida nunca será justificável, isto é, preferível ao nada. Porém, quando a complicamos desnecessariamente, seja com ilusões, ignorância ou mera estupidez, distanciamo-nos da única coisa que, ao menos, pode torná-la suportável, a serenidade. Com isso não nos referimos ao pacifismo, à passividade, à humildade. A inação nascida do protesto nos amargura; a hesitação nascida da covardia nos torna indigentes; a paciência nascida da impotência nos torna ressentidos. Abrir mão da vida e permanecer vivo aguardando justiça não passa de outro modo de tornar-se um desgraçado. Começamos a espumar porque acumulamos saliva demais e não sabemos em quem cuspir: então engolimos nosso ódio e sorrimos. Escarramos para dentro. Abandonar essa revolta infantil é o primeiro passo para que nossa existência tenha qualquer perspectiva de decência.

Para nossos propósitos, serenidade significa conformar-se com a existência num sentido puramente objetivo, ou seja, não pedir da vida aquilo que não pode dar. Olhar-se no espelho e saber que, apesar de nossos sonhos mais grandiosos, isso é tudo o que a vida nos reserva, realmente tudo. Levantar-se pela manhã perfeitamente cônscio de que viver é engajar-se em atividades sem sentido, e só. Não se trata de conformismo, mas de proteger-se daquilo que nos torna ansiosos e insatisfeitos com o presente. Sem dúvida, sedativos podem nos dar essa mesma serenidade, o sono pode nos dar paz por algumas horas, mas somente a compreensão clara da nulidade da vida nos fará sentir que não estamos perdendo tempo ao conduzir uma existência sem grandes ambições, como um mero passatempo. Isso porque, ao longo de nossas vidas, não fará diferença alguma se sofremos ou não, se nos esforçamos ou não —

nós nunca seremos recompensados ou punidos em nenhum sentido para além daquilo que conhecemos como estar vivo, como presente imediato. Quando a vida é levada muito a sério, sofremos em função de crenças perfeitamente arbitrárias — um empreendimento pelo qual nunca seremos recompensados, pois em termos de vivência, a vida é um fim em si mesmo. Então, se a vida é meramente tempo livre, faz muito mais sentido vê-la como um passatempo, e governá-la como tal, que nos angustiarmos com torturas gratuitas que impomos a nós mesmos por motivos que não dizem nada.

Se nossa vida fosse uma conta bancária, nunca teríamos dinheiro algum. Nascemos com os bolsos vazios e, ao longo da existência, apenas nos endividamos. O saldo negativo torna-se tanto maior quanto mais ambições e expectativas tivermos. Mesmo supondo o maior lucro, somente seremos capazes de quitar nossa infelicidade, nunca comprar felicidade. Nessa ótica, o melhor tipo de investimento que podemos fazer são aqueles que visam assegurar a estabilidade de nossas contas, para que o prejuízo não cresça exponencialmente. Tudo o que acumularmos além do necessário será tomado pela vida sem que possamos tirar proveito algum, como escravos que não têm direito à posse de qualquer bem. Portanto, perdemos tempo ao lutar pela conquista daquilo de que nunca poderemos desfrutar, e não o contrário. Quando tudo o que podemos acumular são dores, a serenidade está em saber que, quando não temos nada, nem dores nem alegrias, o melhor que podemos fazer é continuar assim.

Para saber o que podemos ou não esperar da vida, temos de compreendê-la como realmente é, aceitando-a integralmente, sem reservas. Sendo que somos a própria vida, somente a compreensão desta pode ser um ponto de partida seguro sobre como podemos nos guiar. Quando nos norteamos por sonhos irreais, condenamo-nos ao fracasso real — e sofreremos sem ao menos a dignidade de entender o porquê. Nesse sentido, devemos cultivar o conhecimento sobre o mundo e a vida não para alcançar sonhos positivos, mas apenas para que consigamos manter nossas dívidas tão pequenas quanto possível. Isso é tudo o que o conhecimento pode fazer por nós. Se o buscamos com qualquer outro propósito, nos iludimos, já que ele é tão incapaz de nos dar a felicidade como qualquer outro empreendimento humano. Entretanto, é a única ferramenta que pode nos tornar eficientes em administrar nossos prejuízos, minimizá-los com inteligência.

Somente a partir dessa postura torna-se possível concretizar a serenidade, sem desperdiçar nossas limitadas energias em investidas quixotescas. Cansados demais, não temos paz, apenas exaustão: calamo-nos pelo esgotamento de nossas forças, pela rouquidão de nossas vozes, não por havermos alcançado um estado sustentável. Assim que recobrarmos nossas forças, voltaremos a levantar nossas espadas contra inimigos imaginários, gastando toda a energia em ilusões. Como a ignorância não nos permite ver o erro, sem instrução, equivocamo-nos facilmente, distanciamo-nos do entendimento de nossa verdadeira condição. Passamos a explicar nosso sofrimento a partir de crenças em mundos paralelos, intervenções, destinos, energias misteriosas, ou seja, realidades morais. Inventamos crenças por vaidade, para que nossa desgraça tenha sentido e valha algo, para que nos sintamos confortados perante nossa própria incompetência.

Se nossas crenças estão num além no qual tudo é alegria, os pés continuam na terra, e é nela que os calos doem enquanto os negamos como uma condição temporária, como um preço a ser pago por uma recompensa que nunca receberemos. Em regra, tais crenças são eufemismos para irreflexão, nascem apenas da covardia, escondem algo que não queremos confessar, visto que não as seguimos, apenas as empregamos para justificar, para dar sentido àquilo que nos ocorre por acaso. Esse conformismo ignorante e supersticioso é o que consola os que não entendem o mundo em que estão. Tais desvarios são métodos ineficientes para se levar uma existência suportável, pois nos levam a explicá-la segundo regras que não nos dizem respeito. Nessa situação, como interpretamos o mundo a partir de uma ótica arbitrária, nossa ação passa a ser não uma contradição, mas pura irrelevância, enquanto nos ignoramos completamente. Além disso, em nossas explicações delirantes sobre nossos problemas — cujas causas imputamos às nossas fantasias —, recorremos sempre às hipóteses mais rebuscadas e pomposas. Temos piolhos porque somos pecadores, porque precisamos evoluir espiritualmente, porque esse é o nosso *karma*: tudo precisa ser uma explicação grandiosa para uma dor insignificante. Nunca temos piolhos porque há piolhos em nossa cabeça. Até a coceira precisa de um sentido imaterial. Compramos a ilusão de ser super-heróis apenas para que a coceira pareça algo justificável: cresce a dívida.

Se quisermos encontrar explicações que funcionem para calos e piolhos reais, nosso conhecimento sobre o mundo deve ser científico; quanto a isso não há dúvida. Todavia, como a ciência não se ocupa da descrição de indivíduos particulares, nosso entendimento sobre nós mesmos deve ser alcançado por esforço próprio, numa pesquisa individual. A partir de conhecimentos gerais, tornamo-nos nosso próprio objeto de estudo específico. Mesmo que pareça um atalho sedutor, os alicerces dessa compreensão não devem ser buscados diretamente através da introspecção, mas da descrição e observação objetiva de nossos corpos e processos biológicos. Ninguém jamais teria apreendido o funcionamento do cérebro através da meditação, como quem vira os olhos para dentro. Aqueles que se valeram apenas da interioridade para explicar o mundo e a si próprios, sem nenhuma instrução a respeito da realidade física envolvida, nunca ultrapassaram lengalengas infantis e misticismos rasteiros. Isso porque a introspecção não explica coisa alguma, não nos dá acesso à realidade por detrás de nossos fenômenos mentais. Quando bem empregada, ela somente nos permite distingui-los com alguma clareza. Portanto, o alicerce de nosso conhecimento não pode estar nela, pois esta não é o alicerce de nossa existência objetiva. Enquanto máquinas que somos, nosso autoconhecimento só pode ser alcançado pela observação de fatos mecânicos.

Para tal fim, comumente se emprega a psicologia. Todavia, enquanto esta se negar a submeter-se às condições impostas pela metodologia científica, não poderemos levá-la a sério como um campo de conhecimento confiável e imparcial. Muitas de suas pesquisas são interessantes, mas boiam numa vagueza subjetiva circular que não consegue situar-se objetivamente com clareza. Com o mesmo autismo dos sistemas filosóficos, a psicologia parte de si mesma numa tentativa de estabelecer e explicar o mundo idealmente. Demonstrar cientificamente uma teoria psicológica é tão infrutífero quanto provar a teoria filosófica do super-homem e sua vontade de potência. Há um abismo intransponível entre sua teoria e sua prática, e outro maior ainda entre sua teoria e a realidade. Ainda que funcione, não se sabe explicar como nem por que isso ocorre, ao menos não melhor que qualquer religião quando explica a cura de dependentes químicos em termos milagrosos. Numa abordagem realista, podemos descartar sua utilidade em poucas linhas.

Enxergamos basicamente duas formas distintas de psicologia, como o estudo da subjetividade humana, já que seu estudo da objetividade parece uma piada perto do que é feito por ciências adultas, como a biologia e a neurologia. Temos uma psicologia pré-científica e outra declaradamente metafísica. Compreendemos que o objeto de estudo é complexo, mas isso não é, como querem nos levar a crer, desculpa para fazer ciência ruim, não é motivo para aceitarmos os simplismos romantizados que denominam abordagens alternativas. Temos, por um lado, a boa psicologia, e dizemos boa apenas porque é honesta e admite suas limitações. Com seus modelos teóricos, faz generalizações grosseiras através de metáforas do que imagina serem os processos biológicos, que ficam nos bastidores do entendimento, morrendo de rir. Como desvirtua a realidade através da especulação, não consegue situar-se suficientemente bem para saber quando está com os pés no chão. É quase cega, mas olha na direção certa — busca os fatos e sabe reconhecer evidências quando, por acaso, as encontra. A psicologia ruim, por outro lado, é uma prostituta sifilítica. Faz muita coisa, qualquer coisa, menos conhecimento. Evasiva, ininteligível e impossível de ser relacionada com qualquer realidade, exceto os livros de metafísica de onde foi recortada, já que ainda acredita na separação entre mente e corpo. Isso pode ser inferido pela sua afirmação de que o cérebro não se reduz a um fenômeno material. Absolutamente ridícula em sua pretensão de explicar o subjetivo pelo mais subjetivo ainda — ela não tem olhos, não tem ouvidos, não tem corpo, não tem rumo, não pode sequer traçar um objetivo claro. Está parada no tempo como uma mitologia. Desprendida do materialismo, defende seu direito de existir à parte da realidade, como quem quer ter seu valor demonstrado pelas suas boas ações: um teatrinho cristão que afronta diretamente a inteligência de qualquer indivíduo que possua um grão de sensatez. Como qualquer charlatão, tem apenas uma boca enorme e carnuda, uma voz macia e envolvente que despeja disparates por todos os cantos. Como uma religião, seu objetivo não é conhecer, mas convencer e inspirar, fazer caridade.

Em ambos os casos, a prática dificilmente ultrapassa a eficiência do placebo, visto que suas teorias não estão baseadas em fatos comprováveis, mas em tentativa-e-erro triplo-cego, cujos resultados são alinhavados com uma especulação quase filosófica que emprega termos científicos por pedantismo. Como não sabem explicar o que estão fazendo dentro da cabeça do paciente, que muitas vezes torna-se vítima, deveriam simplesmente admitir que não têm competência para realizar intervenções eficientes. São apenas uma versão laica de padres conselheiros, cada qual com sua corrente pessoal igualmente supersticiosa. Na prática, em vez de nos fornecer uma solução prática, como qualquer profissional competente faria, como nós próprios faríamos, partem para a abordagem cristã de que, se nossa personalidade nos escandaliza, mesmo que em segredo — um que só eles conhecem e nunca nos contam —, devemos arrancá-la fora, e para tal fim aplicam em seus pacientes uma lavagem cerebral a base de lengalengas. Como os objetivos são predeterminados em função do que é socialmente aceitável e ético, limitam-se à evangelização de seus clientes com a metafísica indigesta do otimismo aprendido, que infecta essa área de ponta a ponta, se é que tem alguma. Assim, para não pensar no pior, digamos apenas que são profissionais que vivem do clareamento de ovelhas com receitas caseiras de água oxigenada. Seu objetivo não é alcançar a verdade, mas a saúde, ou seja, tornar os indivíduos sadios e aptos a viver em sociedade e a servi-la, mesmo que para isso seja necessário mentir e omitir descaradamente. Talvez a primeira tenha algum futuro se parar de andar em círculos e começar a seguir os passos da psiquiatria, que teve a prudência de conhecer os fatos antes de partir à prática. Porém, como ainda é adolescente e sonhadora, recusa-se a seguir modelos: muito precipitada, incipiente e supersticiosa para ser ciência. No mais, por estar infectada de valores por todos os cantos, não consegue afirmar qualquer fato sem que isso seja uma opinião assumidamente parcial. Não serve para nenhum propósito porque insiste em ser tida como um propósito em si. Constitui uma compreensão da realidade fechada em si mesma que não consegue conversar com nenhuma outra ciência decentemente. Quer ser ao mesmo tempo conhecimento objetivo e sabedoria de vida, mas não passa de ciência vendida, corrompida pela moralidade.

Apenas a compreensão científica de nós mesmos nos dá acesso às verdadeiras variáveis envolvidas em nossas vidas, que são constantes. A interioridade, apesar de imediata, é sempre cambiante e, muitas vezes, enganosa, pois nosso humor varia constantemente conforme nossas necessidades, que estão determinadas em função de seu papel biológico, não de nossas crenças a esse respeito. Não obstante, é dentro de nós mesmos que estamos, significando que a interioridade deve ser vista não como o meio, mas como o alvo, como o fenômeno subjetivo que desejamos administrar eficazmente através da compreensão da realidade objetiva que a faz nascer. Assim, quando buscamos conhecer e influenciar a realidade física de nossas mentes, nossa subjetividade servirá apenas como parâmetro para indicar se estamos ou não na direção certa. Ademais, se quisermos nos entender fisicamente, enquanto máquinas subjetivas, deixemos a moral bem longe de nós, de preferência trancada em alguma convenção social, que é seu *habitat* natural. Buscamos ciência objetiva, fatos amorais, não cursos de etiqueta transcendental ou de boas maneiras absolutas. Sabemos quais são nossos interesses, e não queremos nos comprometer com pontos de vista religiosos ou ideológicos no processo de nos entender.

Assim, partindo da honestidade de nos valermos de nosso conhecimento sem reservas, tornamo-nos livres para fazer tudo o que quisermos de nossas vidas. Afirmamos tudo porque, com tal consciência, sabemos também quais são nossas verdadeiras possibilidades, e passamos a ter diante de nós apenas as escolhas reais, que podem ser levadas adiante com os pés no chão. Desde que o exercício da reflexão tenha nos tornado aptos ao pensamento independente, saberemos manejar tais conhecimentos sem nenhuma dificuldade, sem preconceitos. Entretanto, caso tenhamos apenas estudado ciência como quem coleciona fatos isolados e curiosos, não saberemos que fim lhes dar. Precisamos de reflexão, precisamos de filosofia para guiar a ciência. Sabemos que a ciência, sozinha, não tem olhos; que a filosofia, sozinha, não tem pernas. A filosofia precisa ser informada pela ciência; a ciência precisa ser norteada pela filosofia. Ambas as coisas, uma vez unidas, podem nos levar aonde quisermos, pois colocam o poder do conhecimento em nossas mãos.

Vejamos algumas situações práticas para ilustrar o que queremos dizer. Se,

171

por exemplo, tivermos uma crise de pânico, isso não deve ser interpretado em termos de culpa, trauma, fraqueza, fracasso, aprendizado, punição, dever, destino etc., que são realidades que existem apenas em nossas mentes, assim como o próprio pânico. Devemos interpretar tal fato em termos fisiológicos. Sabemos que o pânico pode ter causas subjetivas ou objetivas, como nosso medo subjetivo de cães ou o consumo excessivo de café. Sua explicação, entretanto, é sempre objetiva, e deve ser buscada por detrás de nossa subjetividade. O que comumente se encontra? Hormônios de estresse, ou seja, substâncias químicas liberadas em reação a alguma circunstância que nos ameace. Consumimos cafeína apenas para simular tal ameaça, já que isso serve para que permaneçamos acordados quando só temos coisas tediosas a fazer. Seja qual for o caso, a realidade física envolvida é sempre a mesma. Não há fantasmas subjetivos que emprestem qualquer caráter qualitativo a tal sensação. O pânico causado por café pode ser tão aflitivo quanto o causado por uma ameaça física real. A grandiosa ficção explicativa que elaboramos sobre causas pessoais que justificam e dão sentido a tal pânico no fundo não explica coisa alguma, apenas nos afunda num oceano de interpretações subjetivas e significados arbitrários que nunca poderão ser demonstrados porque não existem efetivamente: pânico não tem sentido, tem apenas realidade. Perdemo-nos numa lógica circular quando não admitimos que a subjetividade sempre parte da objetividade, nunca o contrário. As explicações devem ser procuradas lá, concretamente.

Pois então, se sentimos pânico ao atravessar uma rua escura ou se a atravessamos sem qualquer receio, que diferença faz? Se sentirmos medo isso significa que atravessá-la é errado? Ora, sentir medo não faz diferença alguma quanto ao que efetivamente há nessa rua escura. A sensação, em si mesma, não diz nada: o medo não torna a rua boa ou má, não torna a travessia certa ou errada. Medo é apenas uma sensação física, como beber café. Devemos entender que o medo é somente um sintoma subjetivo dos mecanismos objetivos, isto é, neurais, com que nossos cérebros estão equipados para lidar com uma realidade cheia de perigos, muitos deles imaginários, outros tantos reais e insuspeitos. O mecanismo de alerta em funcionamento não é risco em si — não é o perigo que nos deixa em pânico, mas a presença de adrenalina em nossa corrente sanguínea. Haja ou não uma causa razoável para que sintamos pânico, isso dependerá apenas de nossa saúde mental, e não altera a realidade da rua; os processos químicos e neurais envolvidos são os mesmos, seja o perigo real ou imaginário.

Por sua própria evolução enquanto uma ferramenta em prol da sobrevivência, nossa mente está arquitetada para reagir coerentemente em função da realidade, mas isso nem sempre acontece, ou nem sempre é desejável. Passa a ser nosso interesse pessoal entendê-la racionalmente e intervir para corrigir aquilo que consideramos uma reação inadequada. Quais armas teríamos em mãos nesse caso? Que estímulos poderíamos utilizar para que nosso cérebro cesse o estado de alerta geral? Poderíamos recorrer a ansiolíticos, como uma primeira opção, ou a bebidas alcoólicas. Correr algumas centenas de metros, por sua vez, também funcionará, resultando na liberação de endorfinas. Talvez um banho gelado resolva. No fundo, tanto faz, desde que funcione. O que não devemos, entretanto, é acreditar que esse pânico, em si mesmo, seja uma realidade objetiva, que o mundo esteja efetivamente nos encurralando, que seja necessária uma ação drástica e imediata, mesmo que não vejamos perigo algum diante de nós, pois isso nos torna cegos e inconsequentes. Se a aflição que sentimos fosse algo objetivo, não apenas nós, mas a humanidade toda estaria rangendo os dentes. Essa ilustração serve para que consigamos pensar nossas sensações como algo real e arbitrário, não como uma necessidade, como um imperativo moral que sejamos obrigados a suportar resignadamente como se nele houvesse algum sentido especial; sofrer por acaso não nos ensina nada.

Noutro exemplo, quando um *serial killer* não sente remorso ao matar uma pessoa, isso não deve ser entendido como uma maldade, como um erro, nem mesmo como uma doença. Seu cérebro simplesmente funciona dessa forma, assim como o nosso funciona de outra. Nós não somos bons assim como ele não é mau. Nenhum dos dois tem escolha quanto a isso, ao menos não mais que um computador previamente programado para comportar-se de tal forma. Admitamos ou não, somos todos assassinos potenciais, e concretizar tal possibilidade depende apenas dos motivos que julgamos suficientemente bons. Sabemos que o assassinato não é errado em si mesmo, do contrário assassinatos nunca ocorreriam. Sabemos que o certo e o errado são questões sociais, não físicas, e também que não faz sentido tentar explicar o comportamento objetivo de um *serial killer* com base em acusações morais. O fato de ele não se sentir ansioso por assassinar outra pessoa só prova que seu cérebro não reage a esse estímulo como a maioria dos indivíduos. Resta-nos apenas estudar o comportamento físico de seu cérebro para entender o que o leva a matar em circunstâncias nas quais a maioria optaria por não fazê-lo. Não há sentido em tratá-lo como um doente mental, pois sabe muito bem o que está fazendo. Nós matamos leões por diversão e isso não nos torna débeis mentais. Ele mata seres humanos por diversão, e isso é tudo. Devemos suspender quaisquer julgamentos morais quando nosso interesse é compreender o fenômeno objetivamente.

Como vemos, a ciência é como uma bússola: aponta várias direções, mas não nos diz aonde devemos ir. Serve apenas para nos orientar, para evitar que nos percamos num mar de causas imaginárias e subjetivas que só existem na fantasia particular que criamos com nossa interpretação pessoal da realidade. Vendo o mundo em termos científicos, ao menos nunca nos encontraremos completamente perdidos e desorientados — onde quer que estejamos, nunca estaremos muito longe da verdade. Não obstante, devemos entender que, ao estudar ciência, além de estarmos buscando conhecimentos gerais para problemas específicos e pessoais, tais conhecimentos também não nos dirão nada a respeito dos objetivos que devemos visar. Como servem para quaisquer propósitos, dar-lhes uma finalidade, uma aplicação coerente é uma tarefa individual. Podemos usá-los como bem entendermos, seja qual for nosso ponto de vista, e é esse o motivo pelo qual vemos a ciência como algo tão valioso. Sabemos que a utilidade da ciência é universal, porém, neste momento, nosso interesse é aplicá-la para sustentar a postura segundo a qual a serenidade é o estado mais desejável que podemos buscar em vida. As explicações dadas até agora serviram para delinear com clareza nosso ponto de partida. Dediquemos, pois, o restante de nossas observações à finalidade de justificar nosso ponto de chegada.

Partamos do básico. A vida é um sistema que existe apenas em função de sua própria perpetuação, tendo desenvolvido infindáveis mecanismos com esse único propósito. Tudo o que sentimos e pensamos nasceu como um meio para tal fim. Contudo, nós, enquanto indivíduos, não temos nada a ganhar com isso, apenas desassossego. A seta de nossas vidas individuais aponta para o futuro, para a perpetuação, não para nós mesmos. Nós nunca seremos felizes porque a felicidade é um engodo, um meio para nossa perpetuação, não a finalidade de nossas vidas. Isso explica por que somos naturalmente infelizes, e por que nos tornamos ainda mais quando buscamos a felicidade. Não apenas à felicidade, tal explicação estende-se a todos os aspectos de nossas vidas, a todos os nossos sonhos de realização: nenhum deles nos satisfará, pois ignoram que a única finalidade de nossa existência é a eternidade genética. Assim sendo, quando acreditamos na vida, estamos nos submetendo a um sistema que, além de cego, não nos tem como fim, como prioridade, mas como um meio irrelevante, uma tentativa gratuita. Nessa ótica, nossos instintos são como dogmas que fundamentam uma religião biológica chamada vida. Nós, ao segui-la e servi-la, nos colocamos a serviço de uma tarefa inútil orquestrada pelo acaso.

Sabemos que, por um lado, buscamos instintivamente uma felicidade impossível. Por outro, não podemos modificar nossas necessidades, intervir diretamente em nossa própria natureza através da racionalidade. Vemo-nos pegos numa cilada. Sendo que não podemos nos satisfazer nem nos contradizer plenamente, qual é a saída? Blefar. Negar-se a trabalhar cegamente em função desse despropósito natural. Talvez pareça, mas nisso não há problema algum, já que a vida em si mesma não tem como saber que estamos trapaceando. Vejamos o que pode ser dito para ilustrar tal postura. Quando sentimos fome, precisamos comer? Não necessariamente. Podemos comer ou usar supressores de apetite. Quando sentimos desejo sexual, podemos satisfazê-lo sem que isso envolva filhos. Quando nossa autoestima está baixa, podemos recorrer a narcóticos, a atividades físicas, à arte, no lugar de conquistas sociais. Dentro disso tudo, fica a nosso critério pinçar o que nos parecer mais viável. Assim, em vez de cultivar sonhos grandiosos e impossíveis, podemos desenvolver soluções práticas, passar a perna em nossos instintos, dizendo o que querem ouvir, mas sem seguir seu *script* evolutivo. Não precisamos acreditar neles, apenas entendê-los e enganá-los bem o suficiente para que não nos incomodem, para que se deem por satisfeitos. Quando a vida nos põe à prova, temos a escolha de enfrentar seus desafios ou simplesmente trapacear — mudam os meios, mas a recompensa é a mesma: uma satisfação temporária, uma dor que se cala.

Proceder desse modo não se trata de revolta, mas de sagacidade. Se a vida nunca cumprirá sua promessa de felicidade, por que deveríamos continuar trabalhando honestamente? Sabemos que é uma perda de tempo ingênua. Se podemos simplesmente deixar nossos paletós nas cadeiras e continuar recebendo salários, por que não fazê-lo? No tocante à biologia, não há obrigações, tampouco fiscalização quanto aos meios, apenas quanto aos fins. No mais, se somos canalhas cínicos uns com os outros, por que não ser também com nós mesmos? Os princípios são os mesmos, e os benefícios, muito maiores. Há apenas um porém nessa questão: nossa lealdade cega à vida. Acreditamos que nosso valor pessoal diz respeito à vida em si mesma, não às nossas intenções. Nossa resposta para isso é a seguinte: paspalhice. Tal crença no valor da vida reduz-se a um apelo à natureza motivado por nossa covardia em tomar a vida em nossas próprias mãos e vivê-la em nossos próprios termos. Temos medo de viver segundo aquilo que efetivamente sabemos. Medo de que, entretanto? Ora, a vida é nossa, e faremos dela o que bem entendermos, sem nos deixarmos deter por irrelevâncias morais. Ainda assim, é bem verdade que trair a vida exige algum domínio na arte de ser patife, mas tal habilidade nos é garantida sossegadamente pelo contato com a sociedade. Então, se quisermos exprimir nossa postura de forma mais concisa, mais insolente, eis a sentença: *queremos paz; logo, a vida não vale nada.*

Somente quando nos demitimos do emprego que a vida deu para nossos corpos sentimos o alívio de não ser mais um serviçal do acaso, ao menos não em período integral. A lucidez nos dá acesso ao único recurso que nos permite essa aposentadoria antecipada: a negação da vida, ou seja, a rejeição enfática e completa de seu valor. Temos, nessa situação, duas escolhas: o suicídio ou a vida parasitária e farsante. A primeira opção nos dará a serenidade perfeita; a segunda, a única possível em vida. Assim, ao negar a vida, alcançamos não a quietude de quem está em coma, mas de quem está de folga, como quem tira férias de si mesmo. Já não há mais obrigações. A vida, em vez de trabalho, agora é passatempo. Basta manter o paletó na cadeira dos instintos, e poderemos viver em paz, sem correrias para chegar a lugar nenhum. Claro que, de início, essa parece uma postura autodestrutiva, mas é exatamente o oposto. Se, aparentemente, somos hostis para com a vida e seus objetivos cegos, não é por falta de amor-próprio; muito pelo contrário. Buscamos exatamente a diminuição de nosso prejuízo, negamo-la por interesse pessoal, como quem tem pela vida os olhos que ela não pode ter por nós. Trata-se de um gesto de profunda consideração por si mesmo. Não apenas somos conscientes, mas também sabemos o que queremos, e não perdemos tempo nos fazendo de vítimas de um destino que sabemos ser cego. Queremos paz, mas não esperamos que esta caia do céu do sonhar — tomamos da vida o que dela queremos. Sabemos que seguir as regras da vida nos conduz apenas à perpetuação, então traçamos nossos próprios planos. Nós nos daremos aquilo que a vida nunca nos daria. Nossa defesa contra a amoralidade da vida consiste em nos tornarmos imorais perante nós mesmos. Essa é a única possibilidade sensata que está ao nosso alcance. Precisamos aprender esse cinismo para colocar a vida em nosso favor, pois não é sensato deixá-la ao sabor do acaso. No mais, a própria vida concordaria conosco se tivesse consciência do que faz; contudo, se não tem, façamos com que tenha usando a nossa própria.

Tais palavras ilustram suficientemente bem nossa ideia central. Nesse sentido, como se percebe, foi apenas a compreensão científica e objetiva da vida que nos permitiu entender, através do estudo de sua evolução biológica, que estamos presos a essa situação subjetiva lamentável. Isso nos livra de quaisquer dúvidas sobre a utilidade do conhecimento científico, visto que foi a única ferramenta que abriu nossos olhos para nos vermos como um joguete do acaso. Até então, éramos completamente ignorantes quanto aos propósitos que nos movem. A maioria prefere continuar assim, mas isso não é um argumento, apenas algo triste.

Como estamos lidando com o maior tabu da existência humana, aquilo que carinhosamente se denomina santidade da vida, torna-se compreensível por que devamos evitar áreas de conhecimento infectadas pela moralidade:

elas pressupõem o valor da vida como algo acima de qualquer suspeita, consideram doentes e criminosos os que não o aceitam, embora não possam demonstrá-lo racionalmente, visto que se trata de um dogma ingênuo, de uma convenção segundo a qual o instinto de sobrevivência é o juiz último, o critério da verdade. Em nossa sociedade, a mentira do valor da vida é levada adiante cegamente até que suas consequências se mostrem tão revoltantes que seus seguidores sejam obrigados a colocá-la de lado em favor do bom senso mais elementar. Apenas aceitam que continuar vivo é uma opção, uma escolha, quando as circunstâncias são monstruosamente insustentáveis e contraditórias. Porém, nas demais situações, nosso dever é aceitar como lei esse blablablá ignorante — e nós aceitamos. Não apenas submissos, somos também incontornavelmente dogmáticos nesse assunto. Não estamos dispostos a discutir o valor da vida sob hipótese alguma. Não podemos nos matar porque não podemos nos matar. Por que não? Porque é errado. Por que é errado? Porque sim. Eis tudo.

O suicídio nunca é aceito como uma opção justificável, senão em último caso: um caso, entre todas as mentiras que cultivamos, que nos permite vislumbrar a verdade. Investiguemo-lo. Quando o corpo está evidentemente condenado, sem perspectivas de melhora, podre por dentro e por fora, quando todo respiro é uma agonia também aos que observam, apenas então o suicídio se torna uma opção moral. Agora podemos morrer. Por motivos óbvios, nesse caso o suicídio recebe outro nome, *eutanásia, i.e.* morte fácil. A mudança de nome é necessária porque, do ponto de vista moral, o suicídio, a morte voluntária, é considerada uma cacotanásia — uma morte terrível e cheia de angústia, que não temos direito de infligir a nós mesmos. Pois bem, só nesse caso permite-se a morte voluntária. Em qualquer outra circunstância, matar-se é tão inaceitável quanto matar outrem, ao menos do ponto de vista social. Isso porque, quando se tem saúde, o desejo de morrer é vetado não como um crime, mas como uma falta de vergonha, uma libertinagem. Equivale a um insulto, a uma gargalhada diante do que consideram o valor mais elevado.

Portanto, nessa ótica, o valor da vida é tido como algo que fica acima da liberdade do indivíduo, e pouco importam nossas razões: aquele que se mata sempre está fora de si, sempre está errado, mesmo que esteja certo. Assim reza nossa tradição, para a qual fazer sentido sempre foi uma questão marginal. Sabemos que discutir com fanáticos é inútil. Porém, se estivermos dispostos a ser no mínimo razoáveis, veremos como tal postura é absurda. Um grão de sensatez nos faz admitir que a proibição do suicídio é uma exigência pura e simplesmente gratuita. Trata-se de um preconceito que nos faz adotar uma postura dogmática e irracional em favor da vida, segundo a qual a sobrevivência impõe-se, também ao seu dono, como um dever absoluto. Não fosse esse um assunto tão sagrado, até veneno para ratos demonstraria que estamos com a razão: a vida não é um dever. A única objeção a essa verdade é a covardia, que nos foi instalada pela própria vida como um mecanismo de defesa de seus propósitos. Por isso a maioria dos indivíduos, diante de tais fatos, apenas chacoalha a cabeça e diz alguma banalidade, na tentativa de refutá-los emocionalmente com lugares-comuns. A covardia, entretanto, também é um modo de a vida defender-se da racionalidade. Quando afirmamos que, se a vida não pode ser defendida racionalmente, devemos defendê-la irracionalmente, isso só demonstra que a vida fez seu dever de casa, e sabe como nos convencer, nos enganar até nos assuntos mais abstratos, fazendo com que insistamos em permanecer escravos até nas poucas situações em que teríamos alguma escolha.

Tendo isso em mente, retomemos o assunto principal. Quando negamos o valor da vida, passamos a ver a eutanásia como um direito pessoal indiscutível, não porque o consideremos absoluto, mas porque não aceitamos que outrem nos diga quanto vale nossa vida — isso simplesmente não lhe diz respeito. Sabemos que, do ponto de vista físico, todo suicídio é uma eutanásia, uma morte fácil que dá fim a uma vida difícil, ou seja, um bom negócio. Trata-se de uma verdade incômoda que fazemos questão de afirmar, pois não nos envergonhamos de ser honestos, de pensar com independência. A ciência nos ensinou a confiar mais na realidade que no juízo moral de macacos interesseiros. Aprendemos essa prudência. Pois então, se vemos o suicídio como um direito básico, por que não veríamos a *eubiosia*, a vida fácil, como outro? A mesma lógica, a mesma realidade, se aplica. Justificamos o suicídio porque isso justifica também a *eubiosia*: não precisamos esperar que os demais nos concedam a liberdade de bocejar frente à existência. Não precisamos nos matar, mas podemos facilitar a vida sem nenhuma culpa, inclusive transgredindo as leis da biologia prática de nossos corpos. A coragem de nos guiarmos não por valores, princípios ou crenças, mas pelos fatos: isso é *eubiosia*, a arte do bem viver amoral.

Nossa premissa básica é a indiferença: estar vivo não é melhor que estar morto. Não afirmamos que estar morto é melhor porque reconhecemos que isso não passaria de um sofisma velhaco. Nada vale coisa alguma. Preferir a morte é, digamos, questão de bom gosto. Pois bem, assim como a morte, a vida não vale nada: trata-se de uma verdade autoevidente a qualquer mente pensante. Ainda assim, não conseguimos admiti-lo porque nossas vidas pressupõem a mentira de que viver é necessário e importante — sabe-se lá para que, entretanto, já que haver nascido nunca nos serviu para absolutamente nada. Sabemos que nossa condição nos impede de compreender a questão com clareza, com imparcialidade. A existência é como uma fonte de luz branca que, ao atravessar nossos olhos, é colorida pelo tom da vida: faz tudo aparentar uma *nuance* biológica que cria a ilusão de seu valor onipresente, como algo dado *a priori*. O fato, entretanto, é que a vida só tem um valor aparentemente irrefutável porque somos seres vivos, e essa ótica nos condiciona em todos os sentidos. Seu valor é um mero preconceito instintivo, e isso deveria ser aceito como uma obviedade pelo fato de que apenas a vida defende a si própria, e o restante da matéria inanimada permanece completamente indiferente aos nossos propósitos subjetivos.

Compreendendo que nossa morte não seria um prejuízo, tornamo-nos livres para morrer quando quisermos e também para viver como quisermos, inclusive contrariamente àquilo que nossa natureza nos impõe como deveres instintivos, àquilo que a sociedade nos impõe como deveres morais. Se o pior que pode acontecer é morrermos, não há nada de pior nisso. Porém, tampouco melhor — vemos a vida ser atravessada diametralmente por um incondicional *tanto faz*. Apenas quando sacudimos de nossos cérebros o dogma do valor da vida realmente sentimos o verdadeiro significado da liberdade, que é garantida objetivamente pelo vazio da existência. Somos livres exatamente pelo fato de não termos sentido nem valor — até a genética não passa de uma convenção biológica que aponta para a eternidade apenas inercialmente. Tal observação soa revoltante porque todos os nossos valores partem do pressuposto de que a vida seja a coisa mais importante do universo, especialmente a nossa. Temos, entretanto, todos os motivos para acreditar que não, temos todos os fatos necessários para saber, afirmar e provar que não é. A nulidade da vida é um fato, não uma hipótese.

Muitos tentam resolver essa questão afirmando que a vida é um valor em si mesmo, mas isso é lógica circular. Não há como conceber o que seria um valor em si mesmo, sem que houvesse um sujeito que o estabelecesse. A vida, nessa situação, toma a si própria como pressuposto num descarado *circulus in demonstrando*. Trata-se de algo tão inconcebível como uma porta boa em si mesma. Tal porta, assim como a vida, não se presta a qualquer finalidade, exceto existir e ser inerentemente boa: sua utilidade é existir inutilmente — revela-se finalmente o motivo pelo qual não podemos nos matar: a obrigação de levar adiante a inutilidade! Claro que contra tais fatos não há argumentos, mas desde sempre aprendemos a ignorá-los conforme a conveniência. Assim, em defesa desse preconceito — o direito à vida —, tornamo-nos irredutíveis como se o valor de nossas vidas estivesse estabelecido metafisicamente e acima de qualquer dúvida — acima de qualquer bala. Fizemos de nossas próprias vidas um dogma e nele fundamentamos o direito de permanecer míopes sem ser julgados por isso.

Pensemos um pouco mais a respeito e vejamos ao que isso nos conduz. Aceitamos o valor da vida como algo dado, que não precisa ser justificado, que não admitimos ser questionado. Qual é a consequência disso? Antropocentrismo. Uma miopia incurável, uma parcialidade inextirpável, um fanatismo brutal. Tornamo-nos a exata medida de todas as coisas, a divina criação do acaso, ocupando o centro de tudo. Tanto isso é verdade que, apenas por sermos seres humanos, temos a clara impressão de que o mundo existe apenas para nós, embora nenhuma outra espécie compartilhe conosco tal opinião. Imaginemos nosso planeta sem seres humanos: parece-nos algo insípido e sem sentido. Mesmo repleto de outros seres que, como nós, nascem, reproduzem-se, morrem, não os vemos como aquilo que realmente dá sentido ao planeta. Apenas nós somos a estrela sem a qual o mundo se torna negro. Somos a goiabada que recheia o rocambole da existência. Pois bem, o fato de não vermos no antropocentrismo um problema sério e digno de consideração — ainda mais, algo que deve ser refutado — é uma das principais causas de nunca encontrarmos o fio da meada, cultivando visões incoerentes a respeito do mundo que nunca nos permitirão viver em paz, visto que nunca levamos em consideração o filtro pelo qual o falseamos instintivamente. Para ilustrar como o antropocentrismo é ridículo e, ao mesmo tempo, como o levamos profundamente a sério, basta pensarmos que, assim como nós, homens, nos sentimos o centro bípede pensante do universo, em que a razão sobre duas pernas parece a capacidade mais gloriosa, as lesmas sentem suas mucosas como a glória rastejante da existência. Desprezamos as lesmas, mas elas também nos desprezam — e pelos mesmos motivos. Portanto, se nossa meta é abandonar crendices, ilusões que nos fazem sofrer por ser cegos, livremo-nos também do dogma biológico que nos impõe a crença no valor da vida, que nada mais é que uma superstição biológica.

Exatamente por nos considerarmos o centro de tudo, o abandono do antropocentrismo tem implicações drásticas em nossa visão de mundo, principalmente no que diz respeito à nossa relação com os demais indivíduos. Isso porque, guiados pela perspectiva egocêntrica da vida, nunca pensamos nos demais como seres semelhantes a nós. Pelo contrário, são apenas objetos que se movem: só nós existimos, e eles simplesmente acontecem enquanto estão diante de nós, depois voltam a ser abstrações, seres estatísticos e potenciais. A realidade dos demais é condicionada pela nossa — noutras palavras, somos crentes fanáticos de nós mesmos. Tal egocentrismo, sempre aplicado apenas a nós, parece natural, pois está em favor do instinto de sobrevivência. Porém, intelectualmente, é uma postura absurda. Em termos físicos, equivale a acreditar que, quando subimos uma escada, empurramos o mundo todo para baixo. Como pudemos deixar que passasse despercebido nosso louvor por esse deus ainda mais petulante e intrometido, que fala por nós não em nossos delírios, mas em nossos instintos? É fato que seguimos seus mandamentos constante e cegamente, e não apenas nos domingos: nessa ficção nós realmente acreditamos.

Vejamos como isso se reflete em nosso cotidiano. Quando, por exemplo, alguém esbarra em nós, numa reação autônoma do cérebro, viramo-nos já enfurecidos, despejamos pragas e amaldiçoamos mentalmente aquela massa orgânica descoordenada sem mesmo entender o que acabou de ocorrer. Sentimo-nos incomodados, e aquele objeto humano que esbarrou em nós deve ser odiado e, talvez, pagar por isso com sua integridade física. Cometeu o pecado de não prestar atenção no centro do universo que lhe passava ao lado. Ao nos desequilibrar, profanou o objeto mais sagrado. Desejamos uma eternidade de dor a essa raça pestilenta de objetos humanoides que só serve para nos fazer tropeçar. Contudo, talvez fosse apenas um indivíduo zonzo, com hipoglicemia, apressando-se para chegar ao hospital. Talvez um amigo antigo brincando conosco, para descobrir se ainda o reconhecemos. O mais provável é que seja apenas mais um indivíduo anônimo cuidando de sua vida anônima, como nós, e que ficou igualmente incomodado por esbarrar em um objeto que atrapalhou o centro do seu universo. Mesmo assim, entreolham-se com uma expressão penetrante, como dois semideuses que medem forças, esperando que o outro ceda e peça desculpas. Pensemos a respeito: por que realizamos esse ritual arrogante de demonstração de poder quando se trata de outro ser humano e, quando tropeçamos numa pedra, reagimos com indiferença? Porque ainda acreditamos que ser um macho dominante é o auge das conquistas sociais. Ao esbarrar em outro ser humano, não importa o que realmente ocorreu, ou seja, um prejuízo físico ínfimo. Interpretamos tal fato como uma afronta à nossa soberania.

Se recebêssemos no peito um brutal coice de cavalo, mancaríamos com uma expressão forçada, fazendo parecer que não se trata de algo sério. Diríamos: *um coice? Ora, isso não é nada...* Por que dar importância a um mero prejuízo físico? Não há sentido em indignar-se, pois o cavalo não tem culpa. Mas os humanos têm — e eis a prova de que perdemos o contato com a vida real: um esbarrão nos fere muito mais que um coice. Nunca enxergamos uns aos outros como vemos os demais animais. Somos supersticiosos em relação a outras pessoas, evidenciando com perfeita clareza nosso antropocentrismo. Assim, ao ver os demais com essa ótica distorcida, já não são homens o que vemos. Animais são animais. Homens não são homens. Apenas nós somos seres humanos: os demais são objetos humanos, formas antropomórficas autônomas, constituídas unicamente das opiniões que fazemos delas. Claro que, quando vemos apenas nós próprios como seres humanos, e os demais como objetos humanos, estamos delirando sozinhos num mundo particular instaurado pela religião biológica, no qual somos o deus. O universo inteiro nos orbita em sua irrelevância absoluta, em seu desprezível caráter de existir como não-eu. Apenas por tal razão nos engajamos em lutas pessoais mesquinhas e insignificantes. Em nome de superstições como honra e respeito, investimos tempo e esforço em ser reconhecidos por nossa bravura animal, por defender nosso território com unhas e dentes, acreditando se tratar do dever de toda besta civilizada. Por que razão batalharíamos pela conquista temporária de um monte de nada chamado propriedade, senão como resquício do ancestral instinto de dominância territorial? Percebamos ainda o fato de que nós realmente — do fundo de nossas almas — acreditamos que o planeta é nosso, apenas nosso.

Nascemos num teatro de dores e instintos, e pensamos que desempenhar esse papel com maestria é o mais importante. Nunca nos ocorre colocar nosso *script* em xeque. O bem-estar que se lasque: paz é a desculpa dos perdedores. Felicidade é pisar nos imbecis que duvidam que sejamos mil vezes melhores que toda a humanidade empilhada e elevada ao cubo. Gastamos nossas vidas todas olhando para fora, como quem vive coagido pela constante necessidade de causar impressão, de provar aos demais que apenas nós temos o direito de ser o centro. Assim, obcecados pelo impossível, vivemos para concretizar o universo pessoal que temos em nossas mentes, e para tal fim qualquer meio é válido, qualquer pena é justa. Para percebê-lo, perguntemo-nos: para que servem nossas metas, valores, princípios e sonhos pessoais? Para nada; são apenas um pretexto para agirmos como um animal qualquer: para lutar sem entender o porquê. Ainda assim, o homem é o único animal que se desculpa pelos seus instintos — eis o belo emprego que demos à nossa razão.

Vejamos mais algumas patetices. Quando, por exemplo, um indivíduo nos insulta, fazemos questão de nos empenhar em fazê-lo pagar amargamente por sua ousadia, pela insensatez de possuir uma opinião negativa sobre nós, a pessoa mais importante do universo. Mesmo que se trate da opinião mais imbecil proferida por um velho bêbado, mesmo que se trate de algo que sabemos ser falso e que, portanto, não se aplica a nós, damo-nos o tempo e a disposição para puni-lo severamente por isso, em defesa de nossa fé pessoal nos bons costumes de todo mamífero honrado. Claro que não gostamos de possuir uma má opinião de nós mesmos, porém, ainda que aquele insulto fosse uma verdade, por que deveríamos nos revoltar contra aquele que a diz? Faz um favor em nos informar a respeito de nós mesmos. Deveríamos, pelo contrário, revoltar-nos contra nós mesmos por sermos dignos de insultos bem fundamentados que provam nossa idiotice. Sua veracidade não deixará de valer mesmo que arranquemos todos os dentes da boca que o proferiu. Portanto, caso sejamos idiotas, a culpa não é daquele que nos lança isso à cara. Apenas descontamos no infeliz o fato de não sermos tão perfeitos quanto gostaríamos. No mais, indignar-se profundamente com fonemas pinguços lançados ao ar apenas demonstra que, se não éramos, acabamos de nos tornar merecedores de tal insulto.

Muitos concordam que, na maioria das vezes, ignorar insultos é algo sensato. Porém, quando recebemos um soco, é o fim do mundo: a sensatez que dá para o diabo. Nossa reação automática é vingá-lo com a morte do agressor. Queremos reduzi-lo a pó, principalmente quando houve testemunhas, pois não aceitamos ser vistos como covardes que não revidam toda patada que recebem. Assim, coagidos pela fúria ou pelo receio da vergonha pública, em geral ambos, partimos para uma vingança mil vezes mais cruel e custosa para lhe ensinar a lição de que não aceitamos desaforos: intrometeu-se com o mamífero errado e pagará amargamente. A não ser que se desculpe também publicamente, num gesto de submissão — coisa na qual não vemos qualquer paralelo possível com o mundo animal, pois isso tudo é puramente racional. Porém, se pensarmos esse homem como pensamos os demais animais, o mais sensato seria simplesmente ignorá-lo, como quem recebe coices de um asno. Preferimos, contudo, acreditar em nossa natureza vaidosa, nos valores convencionais estabelecidos socialmente em função dessa estupidez instintiva. Acreditamos que a adrenalina é um bom argumento, então partimos à luta. Colocamos nossa integridade física em risco em duelos de vaidades infladas, que resultarão apenas em ferimentos ainda mais severos. Se algum dos dois morrer no processo, sorte do defunto, pois acabou de ganhar um ingresso para fora dessa comédia. O vencedor fica satisfeito porque manteve sua reputação intacta, mesmo que seu corpo esteja em frangalhos. Desnecessário dizer que, sendo só mais um deles, é óbvio que sempre revidamos a agressão de outros animais com mais agressão, porém acreditamos que isso seja em defesa de coisas como honra pessoal e princípios morais, mesmo que esse comportamento defensivo seja virtualmente idêntico ao de um quadrúpede no cio. Ainda assim, se nos envolvemos em tais disputas, é realmente recomendável que acreditemos nessas paspalhices valorativas, pois a vitória, em si mesma, não nos trará qualquer vantagem. Então, em nome de um fim tão nobre e distinto quanto desdentar nossos adversários, arriscamos nossos dentes, nossos olhos, nossa saúde, nosso bem-estar. Tudo em nome do olho por olho, dente por dente. Lutamos para preservar a suposta honra de sermos os deuses de nosso mundo particular, pois seria indigno de alguém tão altivo relevar a afronta de um objeto. Por detrás das fachadas, tudo permanece tal e qual: a lei do mais forte. Aprender a dar as costas é uma virtude cujo valor não sabemos reconhecer; pouco importa quantas forem as lições.

Por mais que isso soe desagradável, compreendamos que não podemos mudar as pessoas, assim como não podemos mudar cães, no máximo adestrá-los. Não temos sequer tempo para impor respeito a todo aquele que não simpatize conosco. Assim, se quisermos seguir com nossas vidas em paz, evitando que sejam constantemente tumultuadas por banalidades, precisamos aceitar as pessoas como são, ou seja, todas egocêntricas, vaidosas e imbecis, como nós. Tratemo-las, pois não, com o desprezo que merecem, mas também compreendamos que defenderíamos as mesmas imbecilidades se estivéssemos em sua pele. Sorte nossa havermos nascido com cérebro, mas nem todos têm esse privilégio. Aquele que nasceu estúpido será sempre estúpido, e insulta os demais gratuitamente por isso. Naquela situação, não tem escolha, é sua natureza, seu dever. Fazê-lo calar-se não mudará sua opinião ou sua postura, pois em seu mundo particular ser idiota é bom, é o sentido último da existência. Forçá-lo a pagar, ao custo de nosso próprio bem-estar, pelo fato de haver nascido sem cérebro é insensatez de nossa parte. Quem possui gênio violento vive guiado por impulsos de agressividade. Assim como alguns argumentam, ele bate: é seu único modo de existir, sua única reação possível diante daquela situação que o desconcerta. Rebaixar-se ao nível de sua animalidade é comprar sua teoria, entrar no seu jogo e levar a vileza adiante, algo muito mais ridículo que ignorá-lo como a besta selvagem que, de fato, é. Pelo contrário, temos de pensá-lo como um ser humano que se comporta de modo bronco e grosseiro como que por uma necessidade íntima, um impulso natural e inevitável, a ser explicado, em última instância, como uma necessidade física. É assim que nós nos explicamos, é assim que explicamos todos os animais. Por que com os demais homens haveria de ser diferente? Quem se porta como um animal deve ser tratado como tal. Portanto, quando tratamos um homem diferentemente de qualquer outro animal que nos agredisse, isso apenas demonstra que ainda não compreendemos a natureza humana, pois revidar a agressão de um homem rude é o mesmo que morder um cão que avança contra nós, replicar um insulto é o mesmo que discutir com papagaios — um comportamento completamente despropositado e supersticioso, no qual ambos se deixam guiar pelo que possuem de mais baixo e primitivo em sua natureza.

Perdemos tempo em nos zangar com tais banalidades e, ainda mais, sofremos por considerá-las importantes, mais que o nosso próprio bem-estar. Quando colocamos nosso orgulho mamífero acima de tudo, o que isso nos diz a respeito de nós mesmos, senão que estamos nos condenando a uma vida ainda mais deplorável em nome de uma regra que nasceu do acaso? Durante todas as nossas vidas, abrimos mão de nossa serenidade para provar que estamos certos. Para quem, afinal, estamos tentando provar alguma coisa? Aos animais, aos ignorantes, aos estúpidos ou aos bêbados? Isso deve ser muito urgente, visto que lhes dedicamos toda a nossa atenção diante do motivo mais ínfimo. Se trocamos farpas como se isso fosse importante, não nos deveria causar espanto que nossa existência se torne farpada. Dormimos em camas de pregos porque os compramos, dia a dia, no trato com os demais. E o que conseguiremos com isso, senão construir uma cruz com as farpas e nela nos pregarmos? A glória gratuita de sermos crucificados por nossos próprios preconceitos — para isso não há palavras.

Em todo caso, é claro que devemos nos proteger dos imbecis, mas sem nos tornarmos imbecis no processo. Podemos nos tornar violentos caso necessário, mas isso não deve ser encarado como algo importante, ao menos não mais que esmagar um inseto azucrinante. Assim, se precisamos destruir a reputação de nosso oponente, partamos para uma calúnia mais eficiente que insultar sua progenitora. Se precisamos agredir alguém, deixemos os bons modos de lado e partamos àquilo que funciona, aplicando-lhe logo uma paulada cientificamente certeira — alvo neutralizado, assunto resolvido. Agora podemos gastar o tempo restante em algo menos estúpido que insultar um ao outro ou trocar bofetadas. Sabemos que nada se resolve com violência, porém tampouco com diálogo, menos ainda com acordos de paz. Isso não tem solução: engajar-se em lutas sem sentido está entranhado em nossa natureza. Não apenas é impossível agradar a gregos e a troianos, como é impossível agradar a qualquer lado. Amigos ou inimigos, todos se odeiam uniformemente. Lamentável que, mesmo depois de tanta ciência, ainda acreditamos que os homens não são animais comuns. Estamos condenados a nunca aprender essa lição.

Depois de tanta frustração em tentar demonstrar que somos o centro do universo, passamos a odiar o mundo por não nos reconhecer como tal. A humanidade toda está corrompida, merece uma morte lenta e degradante porque nos fez duvidar de nós mesmos. Assim, cheios de rancor, acalentamos a ideia de uma extinção iminente da humanidade, causada por sua própria estupidez — *i.e.* por não nos louvar. Enche-nos de esperança acreditar que nossa espécie, cedo ou tarde, acabará extinta, embora não saibamos explicar que diferença isso faria, já que estaríamos mortos também. Não consideramos que, mesmo com o holocausto nuclear mais apocalíptico, sempre restará alguma migalha de vida. A partir de uma mísera bactéria que sobreviva, será questão de tempo até que toda a cadeia alimentar evolua novamente, com outras espécies que tomarão nosso lugar e se empenharão ativamente em tornar o mundo um lugar cheio de dor, ou seja, farão o mesmo que nós, porém a partir de *DNAs* distintos, e não haverá diferença alguma no resultado final, pois o comportamento humano é somente um despropósito particular dentro

188

do grande *nonsense* chamado vida. Portanto, haja ou não a extinção da humanidade, isso não fará diferença alguma, pois estamos limitados ao curto período de nossas vidas, depois nada. Toda essa ideia de apocalipse não faz sentido porque, no fundo, a questão é outra. Sentimo-nos indignos por existir quando não conseguimos realizar todos os sonhos que a natureza nos impôs. Então nos desesperamos, queremos explodir o mundo — ou esperamos que o mundo se exploda — apenas porque é impossível realizar nosso desvario pessoal de onipotência. Pois bem, agora percebamos o seguinte: queremos apenas que os homens morram, pois acreditamos somente no valor de nossa própria espécie. Como toda religião, o antropocentrismo ignora o valor das demais superstições cultivadas por espécies distintas, como o mosquitocentrismo. Damos importância apenas ao nosso universo de crenças umbigocêntricas, fora do qual tudo se reduz a uma grande nulidade — da qual sabemos não fazer parte por vários motivos invariavelmente parvos, a depender da mitologia dominante em nossa terra natal. Dizemos o contrário em livros didáticos, mas acreditamos que se trata de uma mera formalidade. Em segredo, excetuamos o nosso caso, o único verdadeiro, o único ao qual a realidade não se aplica. Parece que estudamos o mundo como quem não está nele.

Dia após dia, chafurdamos como micróbios na cabeça de um alfinete épico, acreditando que o universo todo está em jogo. Achamos óbvio que as abelhas são escravas de sua natureza ao levar néctar às colmeias, mas não percebemos que somos escravos de nossos instintos simiescos quando acumulamos dinheiro para impressionar vizinhos e fêmeas potenciais com carros sofisticados e outros luxos excêntricos que ostentamos orgulhosamente. Gastamos todo o nosso tempo nesse ritual de demonstração de poder, depois nos perguntamos por que a vida passou tão rapidamente. Perguntamo-nos por que sofremos tanto, por que nunca tivemos tempo para aproveitá-la. Ora, a resposta é simples: estávamos ocupados encenando. Somos inteligentes em algumas questões específicas relativas à tecnologia, porém, no tocante às nossas vidas em geral, permanecemos perfeitamente estúpidos, incapazes de usar o cérebro para alinhavar uma miserável conclusão que nos permita viver de um modo minimamente decente. Fazemos, por exemplo, todo o possível para sermos lembrados por nossos feitos, porém sem dar atenção ao insignificante detalhe de que tudo o que estamos vivendo será esquecido. Não importa o que façamos: seremos esquecidos, como foram todos os que vieram antes de nós. Somos seres efêmeros condenados não à liberdade, mas ao anonimato, seja no presente ou no futuro. Pois o que sabemos, hoje, sobre o que um grego médio pensava de si mesmo enquanto aparava sua barba? O mesmo que pensamos de nós mesmos: que, por algum motivo mirabolante, ficaremos para a história, e o trajeto de nossas vidas pessoais será contado de geração em geração até o fim dos tempos. Vivemos imersos em tais sandices, mas o fato é que não somos importantes agora, e menos ainda no futuro.

Não deveríamos, entretanto, nos revoltar diante disso, e sim abandonar a crença estúpida de que haja algo importante no fato de sermos homens, de que nossas vidas sejam dignas de ser lembradas por todo o sempre, pois não são. Apenas assim compreenderemos que não faz sentido preocupar-se com o fato de que nossas existências particulares se passarão sem grandes feitos, sem grandes demonstrações de eminência, pois por que deveríamos nos importar se nossa vida passa em branco aos demais, se aqueles aos quais encenamos nossa grandeza também são anônimos? Morrerão eles, morreremos nós, e tudo será esquecido como uma história sem valor que nem traças têm interesse em digerir. Em pouco tempo, tudo se perde — nós nos perderemos e seremos perdidos também. Nossas vidas e nossos feitos despencarão no vazio do esquecimento muito mais rapidamente do que imaginamos em nossos sonhos mais pessimistas, e toda a dor que suportamos por longas décadas não nos dará sequer um milissegundo de permanência no foco do centro do universo. Ainda assim, se nossas dores saíssem em todos os jornais, isso não nos consolaria em nada, apenas nos tornaria desgraçados célebres, pois atenção e reconhecimento do futuro são sonhos sem sentido nos quais acreditamos meramente porque no presente nunca os temos. Porém, mesmo se os tivéssemos, isso ainda não nos satisfaria, pois nada jamais satisfará aquele que nasceu com sonhos tão grandes e a vista tão curta.

Por mais que tenhamos provas do contrário, nunca aceitamos que nossos filhos, conquistas e ideias não representam uma continuação de nossas vidas. Nossos filhos, saídos de nós, passam a ser seres independentes. Nossas ideias, uma vez comunicadas, já não nos pertencem. Por mais que nos esforcemos em nos eternizar, o próprio autor é esquecido, assim como suas dores. Resta uma conquista anônima que chora sozinha; não há ninguém para ouvi-la; nunca houve. Que lógica há em angustiar-se para garantir que nossos sobrenomes fiquem impressos em cédulas de identidade vindouras ou em livros empoeirados? Isso não fará com que nossas vidas sejam melhores retroativamente. Tudo o que fizemos foi amargurar nossa existência na esperança de garantir que nossos túmulos sejam tardiamente reconhecidos pelo que nunca fomos em vida.

Dentro disso tudo, não somos nada — somos um mau gosto da matéria a serviço da genética, coisa à qual fazemos vista grossa, lançando no futuro esperanças que sabemos ser falsas apenas para não testemunhar o fracasso inevitável de um sonho caolho que abraçamos como uma missão pessoal, e isso pelo mero acaso de a natureza nos tê-lo legado em mãos, instruindo-nos a guardá-lo com nossas vidas — e nós obedecemos. Parece uma piada, mas isso tudo é levado muito a sério. Tentamos colocar o mundo sobre nossos ombros, sofremos longamente para suportá-lo e, se morremos esmagados, achamos isso muito natural. Toda geração coloca sobre si esse fardo e falha, uma após a outra, e isso não nos prova nada. A realidade está bem diante de nós, e se não conseguimos vê-la, deveríamos logo furar os olhos, já que nunca serviram para nada.

Por natureza, somos arrogantes e ambiciosos demais para aceitar a simplicidade de uma vida privada, que reserva sua insignificância para si mesma. Condenamo-nos a uma vida pública atormentada pela necessidade instintiva de provar nosso valor àqueles que estão se lixando para nossas macaquices exageradas. No constante desespero pela satisfação de uma vaidade infantil, nós nos agredimos com metas e expectativas impossíveis, nascidas como uma tentativa de impressionar uma humanidade que sequer dá pela nossa presença. Contudo, conscientes do esquecimento de tudo por todos, não deveríamos, durante nossas breves e falidas existências, nos preocupar em prestar satisfações a ninguém, tampouco em honrar nossos contratos biológicos, pois a vida é uma fraude, e não há chances de vencer. Por mais que nos esforcemos, nunca encontraremos a satisfação que esperamos em nossos objetivos, pois é exatamente essa ilusão que move a vida. Somente uma clara consciência disso nos permitirá entender por que é mais importante dar atenção às nossas vidas que aos nossos sonhos.

No entanto, buscamos a paz desesperadamente, pois assim o quer a natureza. Partimos à guerra em busca de paz, lutamos pela felicidade, e isso só demonstra que não somos menos escravos e irracionais que qualquer outro animal. Nesse ínterim, sofremos intensamente, incansavelmente. Não há tempo para pensar na quietude — é urgente que nos tornemos eternos e importantes o mais rapidamente possível, pois acreditamos que apenas depois disso seremos felizes. Porém, depois disso, seremos apenas pó. Nunca nos damos o descanso que julgamos merecer, pois queremos que a vida o entregue com grandes cerimônias, para que assim possamos nos aposentar da existência com a dignidade de quem cumpriu seu dever, tendo feito tudo o que estava ao seu alcance para, ainda em vida, tornar-se uma estátua do ridículo no museu do absurdo. Não reconhecemos que essa aposentadoria só virá com a enfermidade de nossos corpos, com uma doença que nos torne inválidos, com a velhice. A serenidade da terceira idade decorre justamente do fato de havermos sido expulsos da luta pela soberania. Apenas desistindo da vida nos veremos livres da necessidade de competir, e finalmente conseguiremos, se não apreciá-la, ao menos aceitá-la em toda a sua nulidade como uma distração pequena e individual.

Considerando que a vida é uma tarefa inútil e sem sentido, é aceitável vivê-la, desde que em circunstâncias minimamente decentes. Sem que tenhamos serenidade, sem que vivamos em paz, ocupando-nos daquilo que nos agrada, existir é uma indignidade à qual nos condenamos por irreflexão, pela credulidade com a qual fomos tão generosamente providos pela natureza. Quando transformamos a vida num *show* de horrores de escravos voluntários guiados por superstições biológicas levadas adiante por nossa fé cega numa tradição genética desvairada, melhor seria partir para o suicídio como a solução mais digna, deveríamos dar logo um tiro em nossas cabeças, aceitando que tamanha insensatez não tem cura. Ainda assim, somos tão míopes que queremos ser alvejados pelos demais, torturados longamente para morrer como mártires que não tiveram paz por culpa do mundo, não própria. Queremos que nossa dor redima a humanidade, e assim todas as gerações futuras sejam felizes por nossa causa, eternamente gratas pelo nosso sacrifício pessoal. Reconhecemos em nós mesmos todos os traços de um fanatismo delirante.

Sabemos que não há metas a serem cumpridas no existir. Se as imaginamos em nossa natureza, ou fora dela, e sofremos para cumpri-las, isso apenas atesta em favor de nossa criatividade em elaborar modos complexos e decididamente ridículos de nos tornamos desgraçados desnecessariamente. A vida é um fenômeno gratuito que se deu por motivo nenhum, e somos beatos o bastante para aceitar a culpa pelos erros desse acaso. Diante do vazio, sentimos uma necessidade doentia de ser escravos daquilo que não serve para nada, que destrói a única paz que poderíamos cultivar para que a existência se tornasse algo tolerável. Sabemos disso tudo, mas não fazemos nada. Até que adquiramos um grão de sensatez, nossa sina é passar nossas vidas gritando, não porque queiramos que nossas vozes ecoem na eternidade, mas porque no silêncio há uma verdade que nos ridiculariza.

Se pensarmos no sentido da vida em si mesma, enquanto um sistema biológico programado para perpetuar-se, vemos que é uma espécie de *non sequitur*. A vida é algo que não se segue: nós a seguimos, esperando recompensas. Seu sentido não faz sentido, não se justifica logicamente, apenas funciona mecanicamente. A premissa é a genética, a conclusão é a eternidade, e nossas vidas particulares são inferências ilógicas que sustentam a conclusão desse sofisma biológico. Apenas perdemos tempo ao tentar provar algo com nossas existências individuais, pois a vida é uma máquina, não um argumento. Cumprir todas as exigências de nossa natureza instintiva apenas garantirá nossa perpetuação. Se quisermos dar um sentido mais sensato e digno às nossas vidas, sejamos ao menos realistas. Não há como esperar muito além de um desenrolar tedioso de acasos pessoais. As surpresas são poucas. Sabemos qual é o sentido da vida como um todo. Porém, o das nossas só pode ser ir ao banheiro quando quisermos urinar; ir à cozinha quando quisermos nos alimentar; deitarmo-nos quando quisermos dormir; talvez saltar de paraquedas nos fins de semana. Quando precisarmos de forças, devemos recorrer à única saída possível, café. Viver em paz e morrer tranquilos é o máximo que podemos esperar da existência. Exigir mais que isso é condenar-se.

Pelo exposto acima, damos por refutado o valor da vida. Somos apenas uma quimera da natureza: corpo de homem, cabeça de deus. Macacos com uma calculadora cerebral e dor de barriga existencial. Não há motivo para nos levarmos a sério. Não precisamos continuar nos destroçando em louvor à deusa biológica que nos criou, pois isso não dará eternidade nem felicidade a ninguém. Ademais, na sociedade atual, já nos foram dadas todas as condições necessárias para que sejamos capazes de viver à parte dos propósitos originais da vida. Aceitemos que a seleção natural já perdeu o sentido entre humanos, só não saiu de moda por falta de inteligência, por ainda levarmos a sério a vocação de palhaços.

A má compreensão de nós mesmos, guiada por nossa incontornável megalomania, torna-nos eternamente insatisfeitos com o presente. Abandonamos a única coisa que realmente podemos ter em busca de algo que nunca alcançaremos. Somos levados pelo nariz a acreditar num algo mais que jamais existiu, seduzidos pelo espelho como piolhos que sugam o próprio sangue. Ainda assim, não é triste que a vida careça de propósito, mas que tenhamos a capacidade de nos dedicar àquilo que é impossível de ser alcançado, orquestrando nossas vidas inteiras em círculos monumentais que nos levam a sofrer inútil, tola e cegamente para chegar a lugar nenhum. Geração após geração, a humanidade marcha em direção ao mesmo abismo. A burrice nos chama, e nós a ouvimos.

Compreender a natureza da vida nos permite, ao menos, evitar tal equívoco, levando uma existência sem grandes tormentos inúteis, sem grandes paixões destrutivas ou expectativas inumanas. Apenas assim nos livramos do desassossego, do fardo que a natureza colocou sobre nós. No mais, se isso conforta, acrescentemos que não estamos sozinhos nessa empreitada. Temos ao nosso lado os filósofos sensatos, os cientistas honestos e os poetas, coitados. Todos chegaram à mesma conclusão: a vida não é nada, não passa de uma sombra ambulante que se espavona e depois é esquecida. Portanto, ao proceder dessa maneira, não estamos sendo extremistas, apenas extremamente sensatos. Não vemos razões para pular num abismo sem fim apenas porque isso é tradição. Desviamo-nos dele por sabermos que não há nada a ser encontrado em seu interior. Isso nada mais é que ser capaz de ver o óbvio e aceitá-lo.

Como se percebe, essa serenidade que surge em nós após compreendermos a nulidade da vida não diz respeito a uma existência eremítica voltada à meditação. Pelo contrário, trata-se somente de um sinal de maturidade, talvez até de senilidade: o nascimento de cabelos brancos também no intelecto. Compreendemos que, com a vida, e tudo o que a crença nela implica, ou seja, ansiedade, esforço, luta, cansaço, dor, aflição, não temos nada a ganhar, senão cicatrizes. Nossa serenidade precoce é o niilismo enraizando-se e tornando-se maduro, o paroxismo da melhor lucidez — finalmente abandonamos o cadáver de nossas crenças. Vemo-nos livres e descomprometidos perante a vida, perante a morte. O relógio deixa de ser uma ferramenta de tortura. Deixamos de exigir que a vida tenha sentido e ritmo. Podemos dormir à vontade, trabalhar apenas se quisermos, como uma distração, ou mesmo nos demitirmos. Ainda assim, se a ideia de suicídio nos faz hesitar, podemos recorrer à *eubiosia*, ao antropocentrismo não-praticante, à arte de enganar a vida em benefício próprio. Tornemo-nos mestres do bocejo, matéria ociosa, substância inanimada, meio-termo entre a vida e a morte.

Compreendemos que a vida é uma brincadeira efêmera, e apenas por isso somos capazes de suportá-la sem perder o senso de humor. Sem a ideia da inevitabilidade da morte, já teríamos enlouquecido diante da perspectiva aterradora de uma existência eterna. É um consolo saber que nossas vidas terão um fim. Cada dia é uma contagem regressiva para o encerramento de uma corrida da qual nunca quisemos participar. Nessa corrida não há regras, e todos receberão da morte o mesmo troféu. Então, em vez de correr, escolhemos apenas passear — e também diante disso soubemos conservar uma consciência tranquila, cientes de que a serenidade de nossas vidas é uma fraude, um golpe de mestre. Como bons advogados, soubemos desconfiar do acaso, soubemos explorar as brechas legais da constituição biológica, e orgulhamo-nos disso. Governamos nossas vidas com esclarecimento, conscientes de havermos despertado sozinhos, enquanto os demais dormem na inconsciência animal. Não seremos felizes, coisa que ninguém é, mas também não seremos muito desgraçados, coisa que quase todos são.

Não apenas demos as costas à hipocrisia do mundo, como também renegamos a religião biológica que faz de nós pequenos sísifos da natureza. Quando negamos o valor da vida, deixamos que a pedra role montanha abaixo sem nos atormentar com o fato de isso nos tornar mamíferos malsucedidos. Nada nos causa menos inveja que as conquistas carniceiras dos que se despedaçam e continuam sorrindo, dizendo-se felizes. Não nos interessa tomar parte nesse universo de quadrúpedes que andam empinados. O mundo: deixemo-lo às traças. Nossos mais obstinados esforços nunca servirão para absolutamente nada. Viver é um cada-um-por-si no qual ninguém vence. Não estamos aqui para competir. Não dedicamos nossas fibras musculares à pedreira da existência animal. Não calculamos nosso valor por quanto suor escorre de nossas testas, por quanto sangue falta em nossas veias. Todo valor positivo é um erro de cálculo. Damo-nos por satisfeitos em não disputar pelo papel principal na tragédia epilética da humanidade. Assistimos ao seu desenrolar com um olhar distante que se guarda de morder o queijo nessa ratoeira genética. Não temos nada a declarar com nossas vidas. Respondemos a questão fundamental da existência com um grande bocejo. Queremos apenas viver em paz. Que importa o resto? O resto é apenas a megalomania de nossa burrice.

EPÍLOGO

Nossa razão invocou o niilismo, e ele cumpriu sua tarefa. Mas isso ainda não é tudo. Prossigamos, feroz e inutilmente. Abramos os olhos: há mais olhos a ser abertos, mais muros a ser derrubados. Observemos nossos escombros: o que restou ao nosso redor? Nada em nosso favor: somente os desertos da desrazão, as dunas do absurdo. Mas ainda somos uma areia que se defende da própria tempestade. Protegem-nos muralhas de racionalidade concreta. Entrincheirados, mas não a salvo: sob nossos pés, um vazio infinito. Mesmo aterrorizados pela vertigem, com os olhos fixos no abismo, sentimo-nos seguros: a razão nos impede de despencar.

Construir paredes sempre soubemos, mas nunca seus alicerces. É certo que caminhamos, mas sobre um sobre um solo que nunca foi razão. Se precisamos dessa armadura que nos distingue do nada, somos do mundo a porção mais covarde do próprio mundo. Se já não queremos fugir em círculos, justificando reflexos com meras reflexões, lancemos à consciência as interrogações mais aterradoras: a racionalidade era apenas uma brincadeira inofensiva? Um requinte em iludir-se? A cama em que explicações nos permitem adormecer? Estremecemos diante de uma honestidade que sempre nos foi desconhecida. Antes protegidos por razões últimas, agora pálidos como um último cigarro. A infantilidade de havermos acreditado que com a razão estaríamos seguros: como isso nos envergonha!

Ainda que tardiamente, saibamos admiti-lo. Nossas pernas tremem, é verdade, mas também não temos escolha. Já deveríamos sabê-lo: pelo caminho que se destrói também não se regressa. Havemos de pular desse último erro, mesmo que para o abismo. Estaremos nos traindo ao permanecer abraçados à razão. Mas traindo? Isso está correto? Acreditamos ainda na moral e na autoridade moral da razão? Havia, afinal, essa outra surpresa a ser encontrada na caixa de Pandora! Nossa amoralidade ocultava um moralista, e disso quem suspeitava? Pôr-se essa questão, olhá-la nos olhos e respondê-la? Perante a própria razão, quem ousará ser imoral?

Prontificamo-nos. Prendemos o fôlego, tomamos nosso espaço, acumulamos coragem, lançamos nossa sentença e assim vemo-la ao chão: a razão está morta. Apertamos os dentes, inquietos, tensos, lívidos, e nos preparamos para despencar. Nada acontece. Como?

Abrimos os olhos lentamente, e são novos olhos. Não estamos no abismo, mas tudo está diferente. Vazio é o que vislumbramos em todas as direções. Nunca houve abismo algum. Porém, ao nosso redor, também não há mais muros. O abismo era o vazio que só via os próprios pés. Acreditávamos por isso num mundo vertical. Enraizada nesse nada, a árvore do conhecimento era só a crença em que vegetávamos. Precisávamos da profundeza para justificar nossas raízes, então passamos a confiar que, no espelho de nossas razões, havia um por detrás a ser descoberto. Para além do ilusório, havia nesses reflexos o verdadeiro mundo a ser encontrado. A existência: um problema a ser resolvido, uma superfície a ser transcendida, uma questão a ser pensada. Criamos o labirinto e nele nos perdemos.

Nesses espelhos racionais, era vertiginosa a existência, mas certa era a verdade. Pensávamos e nesse pensar víamos o mundo nos refletir. Convencidos desses reflexos, pensávamos para além de nós mesmos. Superfícies e descrições: meros enganos! Nisso não víamos a única verdade para a qual tínhamos olhos. Das coisas buscávamos o fundo para nelas nos encontrarmos. Na tentativa de ver além, víamos apenas nós próprios. Quanto mais longe, mais para dentro: isso era a profundeza do conhecimento. Nosso pensar eram os rodopios desse caleidoscópio filosófico. Temos as respostas ao nosso alcance: basta rodá-lo!

Abandonar esse brinquedo foi a morte da metafísica. O jardim da filosofia implodiu-se, e niilismo é o que nos resta. Mas isso que importa? Leais ainda à razão, sejamos leais aos destroços. Com a ótica da ruína, a filosofia tornou-se sangue. Passamos a nos ferir com os cacos desse espelho. Neles nos cortávamos e disso jorravam razões: o sangue dava sentido à existência. Chorávamos a morte da razão, mas era apenas luto o negro do existir: velávamos racionalmente a morte de nossos juízos. Essa dor nos acompanhou longamente,

pois queríamos ver durar para sempre a esperança de sermos apenas ignorantes. Havia, no fundo, um fundo no qual tudo tinha sentido. Sofrer por ignorar era a razão do existir. Num mundo de conhecimento, cultivávamos a
dor da ignorância para nos sentirmos reais.

Queríamos como esposa a verdade que com a morte de Deus tornou-se
viúva. Nossas maiores razões: um flerte. Tentávamos conquistá-la com galan-
teios cerebrais, e com correntes filosóficas nós a pedíamos em casamento.
Nossos corações se derramavam sobre um mundo sem coração. O conhecimento foi nossa tentativa mais desesperada de humanizar existência. Tardamos, mas também nas razões encontramos o erro dos corações, e hoje já não
nos ajoelhamos perante meros juízos.

O luto, em boa hora, nos permitiu convalescer; fecharam-se nossas feri-
das. O niilismo pode ser superado, o mundo pode ser explicado: abandonamos tais ilusões. Com o absurdo, o mundo está dado, e também está cercado.
Sem portas, de que nos serviriam quaisquer chaves? Enquanto nos espelhava,
a razão nos tornava o conteúdo de uma noz hoje sabemos ser vazia. Ao nos
desfazermos desse exoesqueleto chamado conhecimento, compreendemo-lo
imediatamente: fomos destruídos pelo niilismo, e nos invade a solidão imprecisa de sermos uma existência impessoal em pessoa. Não em razões, mas no
absurdo, reencontramos nossa irmandade com as coisas. Perdemos nossa humanidade, nosso último preconceito.

Mergulhamos na inconsciência do mundo: o sentido da vida tornou-se
gramática. Abrimos os olhos, e tudo é escuridão; buscamos a vida, e tudo está
morto; gritamos, e tudo é silêncio; explicamos, e nada se esclarece. Restamos
como um suicídio teórico exilado de qualquer sentido, distante de qualquer
presença, perdido de tudo o que acreditávamos ser. Em vez de vivos, apenas
derramados na existência, fluindo para o anonimato, para longe de qualquer
definição, para nunca mais ser encontrados.

Deus, religião, moral, origem e sentido da vida, livre-arbítrio: em *Ateísmo & Liberdade*, assuntos fundamentais são postos à luz da razão, em uma tentativa de esclarecer algumas das mentiras e verdades que nos cercam. Polêmico, franco, revelador e ousado, *Ateísmo & Liberdade* é um convite à reflexão, ao livre-pensar e à busca por uma explicação racional e coerente sobre o homem e o mundo.

A exploração do subterrâneo, do tabu, da humanidade que preferimos esconder de nós mesmos: *O Vazio da Máquina* investiga alguns dos tópicos mais incômodos trazidos à luz pelo vazio da existência. O nada, o absurdo, a solidão, o sofrimento, o suicídio, a hipocrisia são alguns dos assuntos principais abordados ao longo da obra. Sabemos até onde podemos chegar com nosso conhecimento moderno — resta finalmente empregá-lo.

Este livro é uma tentativa de justificar a transição do ateísmo ao niilismo com base na ciência moderna. Nele é apresentada uma interpretação do niilismo (niilismo existencial) segundo a qual ele se segue de considerarmos as implicações de nossas principais descobertas científicas, bastando revisitar as questões existenciais clássicas à luz do conhecimento atual. Assim, a ideia é que, uma vez nos tornemos ateus, o niilismo segue-se.

Joe é um romance essencialmente introspectivo, no qual se tenta construir uma visão de mundo a partir dos olhos do personagem. A ideia que animou a produção desta obra foi ilustrar, não em teoria, mas no contexto da vida prática, toda aquela perplexidade que se apodera de nós quando voltamos nossos olhares ao mundo numa perspectiva, por assim dizer, "existencialista", e nos vemos tomados pela sensação do absurdo que é existir.

Insônia da Matéria é uma coleção de poemas escritos entre 2002 e 2007, correspondendo ao intervalo entre a redação de *Ateísmo & Liberdade* e *O Vazio da Máquina*. A atmosfera de perplexidade e de mal-estar que perpassa quase todos os poemas pode ser vista como um reflexo da angústia que se sente quando tentamos lidar com um problema que ainda nos escapa — como um fantasma que nos persegue, até que consigamos colocá-lo no papel.

ISBN 978-85-905558-6-5

9 788590 555865

www.ingramcontent.com/pod-product-compliance
Lightning Source LLC
Chambersburg PA
CBHW051636050426
42443CB00025B/383